As estrelas
descem à Terra

FUNDAÇÃO EDITORA DA UNESP

Presidente do Conselho Curador
Mário Sérgio Vasconcelos

Diretor-Presidente
José Castilho Marques Neto

Editor-Executivo
Jézio Hernani Bomfim Gutierre

Assessor editorial
João Luís Ceccantini

Conselho Editorial Acadêmico
Alberto Tsuyoshi Ikeda
Áureo Busetto
Célia Aparecida Ferreira Tolentino
Eda Maria Góes
Elisabete Maniglia
Elisabeth Criscuolo Urbinati
Ildeberto Muniz de Almeida
Maria de Lourdes Ortiz Gandini Baldan
Nilson Ghirardello
Vicente Pleitez

Editores-Assistentes
Anderson Nobara
Jorge Pereira Filho
Leandro Rodrigues

THEODOR W. ADORNO

As estrelas descem à Terra

A coluna de astrologia do Los Angeles Times
Um estudo sobre superstição secundária

Apresentação

Rodrigo Duarte

Tradução

Pedro Rocha de Oliveira

Theodor W. Adorno Gesammelte Schriften. Herausgegeben von Rolf Thiedemann unter Mitwirkung von Gretel Adorno, Susan Buck-Morss und Klaus Schultz.
© Suhrkamp Verlag Frankfurt am Main 1970-1986.

© 2007 da tradução brasileira
Fundação Editora da UNESP (FEU)
Praça da Sé, 108
01001-900 – São Paulo – SP
Tel.: (0xx11) 3242-7171
Fax: (0xx11) 3242-7172
www.editoraunesp.com.br
www.livrariaunesp.com.br
feu@editora.unesp.br

CIP – Brasil. Catalogação na fonte
Coordenadoria Geral de Bibliotecas da UNESP

A186e   Adorno, Theodor W.
As estrelas descem à Terra: a coluna de astrologia do *Los Angeles Times*: um estudo sobre superstição secundária/ Theodor W. Adorno; tradução Pedro Rocha de Oliveira. – São Paulo: Editora UNESP, 2008
(Coleção Adorno)
ISBN: 978-85-7139-862-7

1. Sociologia. 2. Astrologia. 3. Superstição. I. Oliveira, Pedro Rocha de, trad. II. Título. III. Série

CDD 301
CDU 301

Editora afiliada:

Sumário

Introdução à Coleção . 7

Apresentação à edição brasileira . *11*

Introdução . *29*

A coluna de astrologia do *Los Angeles Times* . *39*

Índice onomástico . *193*

Introdução à Coleção

Figura maior no panorama filosófico do século XX, Theodor W. Adorno foi responsável por uma experiência intelectual gerada pela confrontação incessante da filosofia com o "campo da empíria", em especial a teoria social, a crítica literária, a estética musical e a psicologia. Nessa desconsideração soberana pelas fronteiras intelectuais, estava em jogo a constituição de um conceito renovado de reflexão filosófica que visava a livrá-la da condição de discurso que se restringe à tematização insular de seus próprios textos. Sempre fiel a um programa que traçou para si mesmo já em 1931, quando assumira a cadeira de professor de Filosofia da Universidade de Frankfurt, Adorno construirá uma obra capaz de realizar a constatação de que: "plenitude material e concreção dos problemas é algo que a filosofia só pode alcançar a partir do estado contemporâneo das ciências particulares. Por sua vez, a filosofia não poderia elevar-se acima das ciências particulares para tomar delas os resultados como algo pronto e meditar sobre eles a uma distância mais segura. Os problemas filosóficos encontram-se contínua e, em certo sentido, indissoluvelmente presentes nas questões

Theodor W. Adorno

mais determinadas das ciências particulares".[1] Essa característica interdisciplinar do pensamento adorniano permitiu que seus leitores desenvolvessem pesquisas em campos distintos de saberes, colaborando com isso para a transformação da Teoria Crítica em base maior para a reflexão sobre a contemporaneidade e seus desafios. Uma transformação que influenciou de maneira decisiva a constituição de tradições de pesquisa no Brasil, a partir sobretudo da década de 1960.

No entanto, o conjunto limitado de traduções das obras de Adorno, assim como a inexistência de uma padronização capaz de fornecer aparatos críticos indispensáveis para textos dessa complexidade, fez que várias facetas e momentos do pensamento adorniano ficassem distantes do público leitor brasileiro. Foi o desejo de suprir tal lacuna que nos levou a organizar esta Coleção.

A Coleção editará os trabalhos mais importantes de Theodor Adorno ainda não publicados em português, assim como algumas novas traduções que se mostraram necessárias tendo em vista padrões atuais de edição de textos acadêmicos. Todos os seus volumes serão submetidos aos mesmos critérios editoriais. Registrarão sempre a página original da edição canônica das *Gesammelte Schriften* e dos *Nachlaß*, indicada por duas barras verticais inclinadas (//) no texto. Serão sempre acompanhados por uma Introdução, escrita por especialistas brasileiros ou estrangeiros. Tal Introdução tem por função contextualizar a importância da obra em questão no interior da experiência intelectual adorniana, atualizar os debates dos quais esta fazia

---

1 ADORNO, Theodor W. "Die Aktualität der Philosophie". In: *Gesammelte Schriften I*. Frankfurt a. M.: Suhrkamp, 1973, p.333-4.

As estrelas descem à Terra

parte, assim como expor os desdobramentos e as influências da referida obra no cenário intelectual do século XX. Ao final, o leitor encontrará sempre um índice onomástico. Em todos os volumes serão inseridas apenas notas de contextualização, evitando-se ao máximo a introdução de notas de comentário e explicação. Trata-se de uma convenção que se impõe devido à recusa em interferir no texto adorniano e em projetar chaves de interpretação.

Há quatro coletâneas exclusivas desta Coleção. Duas seguem a orientação temática das *Gesammelte Schriften*: *Escritos sobre música* e *Escritos sobre sociologia*. Nesses dois casos, os critérios de escolha dos textos foram: importância no interior da obra adorniana ou ineditismo de abordagem (assuntos relevantes, porém pouco abordados em outros textos).

As duas outras coletâneas, *Indústria cultural* e *Escritos de psicologia social e psicanálise* justificam-se em virtude de algumas especificidades da recepção brasileira da obra de Theodor Adorno. Sabemos que um dos públicos mais importantes de leitores universitários de Adorno encontra-se em faculdades de Comunicação e pós-graduações de Estudos de Mídia. Por isso, a edição de uma coletânea com alguns textos fundamentais sobre indústria cultural e cultura de massa visa, sobretudo, a alimentar o debate que ali se desenvolve. Isso também vale para outro importante público-leitor de Adorno no Brasil: os pesquisadores de Psicologia Social e Psicanálise.

Se a dialética pode ser pensada como a capacidade de insuflar vida no pensamento coagulado, então uma abordagem dialética do legado de Adorno não pode abrir mão dessa perspectiva crítica, como já sugeria o Prefácio de 1969 à segunda edição da *Dialética do esclarecimento*, obra escrita em parceria com Max

Theodor W. Adorno

Horkheimer: "não nos agarramos a tudo o que está dito no livro. Isso seria incompatível com uma teoria que atribui à verdade um núcleo temporal, em vez de opô-la ao movimento histórico como algo de imutável". Pensar o atual teor de verdade do pensamento de Adorno significa, portanto, a dupla tarefa de repensá-lo em face dos dilemas do mundo contemporâneo e refletir sobre o quanto esses dilemas podem ser iluminados sob o prisma de suas obras.

Comissão Editorial

Jorge de Almeida
Ricardo Barbosa
Rodrigo Duarte
Vladimir Safatle

Apresentação à tradução brasileira

Rodrigo Duarte
Universidade Federal de Minas Gerais

As estrelas descem à Terra é um texto de posição *sui generis* no conjunto da obra de Theodor W. Adorno: por um lado, tem uma conexão direta com o núcleo duro do pensamento do filósofo, já que aborda temas como a interpenetração entre o racional e o irracional, o processo de dominação característico do capitalismo tardio, a cultura de massas etc. Por outro lado, trata-se de uma obra em que as ideias propriamente filosóficas de Adorno não ressaltam tão claramente como em outros de seus livros mais conhecidos como *Dialética negativa*, *Teoria estética*, *Minima moralia* ou mesmo *Dialética do esclarecimento*[*] – obra escrita conjuntamente com Max Horkheimer.

---

[*] ADORNO, Theodor. *Gesammelte Schriften*. Frankfurt a. M.: Suhrkamp, 1981 ss. v.3 (*Dialética do esclarecimento*), v.4 (*Minima moralia*), v.6 (*Dialética negativa*) e v.7 (*Teoria estética*).

Theodor W. Adorno

Apesar desse relativo distanciamento com relação à filosofia, *As estrelas descem à Terra* também não se configura como uma obra característica da sociologia produzida na década de 1950, seja na Alemanha, seja nos Estados Unidos. A começar pelo aparato metodológico bastante improvisado: se os recursos das pesquisas empíricas realizadas pelo Instituto para a Pesquisa Social, no seu período alemão (ainda sem a colaboração efetiva de Adorno), em trabalhos como os *Estudos sobre autoridade e família* ou, posteriormente, nos Estados Unidos, na pesquisa que resultou no conhecido livro *A personalidade autoritária* (esse com a efetiva participação de Adorno), já tinham sido considerados insuficientes por muitos críticos, o que dizer de uma pesquisa feita apenas a partir da análise das edições de aproximadamente três meses da coluna de astrologia de um jornal conservador norte-americano?

Do ponto de vista da temática, o estudo feito por Adorno não deixa de manter uma vinculação com certa sociologia alemã do início do século XX, notadamente a de Georg Simmel, que, na contramão de pesquisas sobre temas mais tradicionais, examinou fenômenos sociais então ainda novos, como a vida nas metrópoles, a moda, o crescente predomínio da forma monetária etc. Sob esse ponto de vista, o poder – não dos astros, mas da astrologia na vida das pessoas – poderia se configurar como mais um desses temas heterodoxos na pesquisa social, que, no entanto, possuem um enorme alcance para a compreensão do mundo contemporâneo na sua versão tardo-capitalista. E, quanto a isso, é muito evidente que Adorno não abordou um fenômeno social cuja aparição ou influência se limitou a meados do século XX, mas que continua atualíssimo – fato provado pela existência, ainda hoje, de colunas de astrologia na maioria esmagadora dos jornais diários de todo o mundo.

As estrelas descem à Terra

No que concerne ao *background* filosófico de *As estrelas descem à Terra*, a vinculação mais evidente é mesmo com a *Dialética do esclarecimento*, obra em que Horkheimer e Adorno apontam para o fato de que o esclarecimento, longe de se limitar a um movimento intelectual europeu do século XVIII – o Iluminismo –, tem suas raízes muito mais profundas na civilização ocidental, remontando à astúcia de Ulisses na epopeia homérica, no sentido de se valer de todos os meios que lhe eram disponíveis para alcançar o fim de retornar à ilha de Ítaca, onde, na qualidade de rei, era senhor de terras e rebanhos. Com isso querem os autores dizer que, adjacente a todo modelo de racionalidade que erige em fim último não a felicidade, mas objetos que, na verdade, seriam apenas meios de autoconservação da vida humana, reside uma indelével sombra da mais crassa irracionalidade. É por isso que Horkheimer e Adorno rejeitam a visão, cara a todos os positivismos, de que a racionalidade é o perfeito contraditório da mitologia e propõem a, ainda hoje, polêmica ideia de que os mitos são uma antecipação – mesmo que precária, em virtude dos parcos recursos técnicos das sociedades em que florescem – da racionalidade que faz dos meios os fins últimos da existência humana, em suma, da racionalidade instrumental.

A contrapartida dessa primeira grande tese da *Dialética do esclarecimento* é uma ideia-chave para a compreensão de *As estrelas descem à Terra*: assim como os mitos antecipam o esclarecimento, esse apresenta a clara tendência de recair na mitologia no momento em que a racionalidade que lhe dá lastro se encontra plenamente desenvolvida, para não dizer *hipertrofiada*. Aqui surge o aparecimento da supramencionada sombra de irracionalidade no reverso da racionalidade unilateralmente

Theodor W. Adorno

desdobrada. Isso explicaria porque a enorme obscuridade de tudo que se relaciona com a astrologia (e com outras expressões de "ocultismo") coexiste tão pacificamente com a extrema racionalidade tecnológica que ocupa tão grande espaço em nossa vida, no mundo contemporâneo.

Um tópico especialmente esclarecedor sobre o ponto de vista defendido por Horkheimer e Adorno, no capítulo inicial da *Dialética do esclarecimento*, é a interpretação da passagem da *Odisseia* em que Ulisses realiza a façanha de passar pelas sereias sem qualquer prejuízo imediato para si, para seus homens e para sua embarcação. Como é amplamente conhecido, Ulisses ordenou aos marujos que tapassem seus ouvidos com cera para não ouvir a sedução do canto das sereias. A ele próprio destinou tratamento diferente: uma vez que desejava ter uma noção daquela beleza indescritível sem o perigo de se atirar nas águas do oceano e perecer, ele determinou a seus homens que o atassem ao mastro do navio. Tudo correu bem de acordo com os ditames da razão instrumental, mas os sobreviventes padeceram (em certo sentido, padecem) de formas diferenciadas de reificação, de acordo com sua posição na divisão capitalista do trabalho: aos remadores coube a alienação direta, física, dos produtos da alta cultura; ao seu senhor estava reservada a mera contemplação da beleza, sem qualquer possibilidade de sua experiência plena. Assim como a ideia básica da *Dialética do esclarecimento*, sobre a interpenetração entre a racionalidade e a irracionalidade, essa alegoria da alienação no capitalismo tardio aponta para uma outra vinculação importante com *As estrelas descem à Terra*, a saber, vinculação com o tema de outro capítulo importante daquele livro: "Indústria cultural. O esclarecimento como mistificação das massas".

As estrelas descem à Terra

Antes de considerar essa vinculação nos seus pormenores mais relacionados com a cultura de massas, eu gostaria de apontar a relação de *As estrelas descem à Terra* com as reflexões de Adorno (só ou na companhia de Horkheimer) sobre o racismo, o caráter autoritário etc. No que tange àquele, um dos textos mais importantes encontra-se também na *Dialética do esclarecimento*, sob o título de "Elementos do antissemitismo". Nesse texto, especialmente nas seções V e VI, os autores investigam os pressupostos subjetivos da discriminação (racial, social etc.) que se desenvolveu em perseguição e, posteriormente, em genocídio dos judeus radicados na Europa central e oriental durante a tirania nazista na Alemanha. Na seção V, dedicada ao que os autores chamam de "mímesis da mímesis", trata-se de esclarecer como o impulso mimético – normalmente natural nos seres humanos – é explorado pelo poder autoritário no sentido de induzir na massa um comportamento padronizado, que venha, em última instância, ao encontro dos seus interesses políticos. Na seção VI, Horkheimer e Adorno se dedicam a analisar o processo que eles consideram o inverso da mímesis: o mecanismo da projeção. De acordo com os autores, se a mímesis consiste no eu se tornar igual ao ambiente, a projeção se realiza pela igualação do ambiente ao eu.

Assim como no caso da mímesis, apoiados pelo autor que lhes serviu de inspiração – Sigmund Freud –, Horkheimer e Adorno partem do princípio de que existe uma projeção "normal", que, inclusive, é fundamental para nossos procedimentos cognitivos mais básicos. Também como naquela, esse mecanismo psíquico elementar pode ser explorado para fins de manipulação ideológica, caso em que a projeção se torna "patológica". Com isso, eles procuram explicar como e por que

Theodor W. Adorno

a massa de manobra do nazismo era composta de indivíduos que nem precisavam ser diretamente pressionados pelo sistema político, mas aderiam quase "espontaneamente" a seus traços ideológicos mais repugnantes e cruéis, exatamente por que estavam imbuídos de uma percepção da realidade baseada na falsa projeção, i.e., numa projeção que, na ausência de um processo reflexivo, desconsidera o equilíbrio entre as contribuições subjetivas e objetivas na constituição do que se entende normalmente como "mundo exterior". Com isso, os alegados inimigos do regime: judeus, comunistas etc. eram diretamente percebidos não como humanos, mas como os mais desprezíveis animais, merecedores do puro e simples extermínio.

Tanto a "mímesis da mímesis" quanto a "falsa projeção" são, segundo Horkheimer e Adorno, modos de exploração da fraqueza do ego do tipo de indivíduo que se tornou o mais característico do capitalismo tardio. Isso se liga à mencionada pesquisa realizada, ainda no período da República de Weimar, pelo Instituto para a pesquisa social que originou o livro *Estudos sobre autoridade e família.*[*] Segundo esses estudos, a mutação do capitalismo, de liberal a monopolista, transformou o antigo fabricante ou o pequeno comerciante, que possuía certa independência econômica, em mero funcionário ou – pior ainda – em desempregado. Com isso, a conexão da figura paterna enquanto chefe de família, com a de agente econômico autônomo e de provedor dos meios de subsistência dos seus mem-

---

[*] HORKHEIMER, Max; FROMM, Erich; MARCUSE, Herbert et al. *Studien über Autorität und Familie. Forschungsberichte aus dem Institut für Sozialforschung.* Lüneburg: Dieter zu Klampen Verlag, 1987 (*fac-símile* da edição de Paris em 1937).

As estrelas descem à Terra

bros entrou inapelavelmente em crise, erodindo aquela autoridade que, no passado, mediante uma saudável rebeldia, levava os filhos a se constituírem eles mesmos como sujeitos psíquicos bem formados, sem a debilidade do eu característica de uma classe média decadente na Alemanha da década de 1930 que foi o terreno fértil para a constituição da "base de massas" do nazismo.

Mas, se deixarmos de lado todos esses tópicos preliminares e passarmos a considerar o contexto originário da pesquisa que originou *As estrelas descem à Terra*, o leitor pode se perguntar – com razão – o que teria a ver a pequena-burguesia alemã dos anos 1920-1930, submetida a um implacável processo inflacionário e temerosa quanto ao seu futuro econômico e político, com a massa de leitores da coluna de astrologia de um diário conservador californiano na década de 1950. A resposta talvez possa ser encontrada em certos resultados da pesquisa realizada pela Universidade da Califórnia em Berkeley, com a participação de Adorno, a qual resultou no supramencionado livro *A personalidade autoritária.** A pesquisa tinha como objetivo aferir o potencial de adesão a projetos políticos autoritários (no limite: totalitários) em amplos setores da população daquele que se considerava (e ainda se considera) a maior democracia do mundo: os Estados Unidos da América. Em outras palavras, tratava-se de investigar até que ponto a nação que derrotou o regime nazista estava livre do tipo de ideologia que resultou nessa tirania. Um dos elementos mais destacados no

---

* ADORNO, Theodor W.; ARON, Betty; LEVINSON, Maria Hertz; MORROW, William. *The Authoritarian Personality*. New York: Harper & Brothers, 1950.

resultado publicado dessa pesquisa é a chamada "escala F", por meio da qual se poderia determinar a tendência latente dos indivíduos entrevistados em discriminar grupos de bodes expiatórios ou de aderir a pontos de vista fascistas (daí o "F" da escala). Sem poder entrar em detalhes aqui sobre os resultados dessa investigação, cumpre observar que, na época, ela ocasionou certo escândalo nos Estados Unidos ao apontar para o fato de que em amplas camadas da população norte--americana havia indivíduos altamente pontuados na escala F, ou seja, com acentuada tendência fascista latente, e essa característica estava sempre associada ao que se considerava uma evidente fraqueza de ego.

Tendo em vista esses resultados, Adorno inferiu que tal característica psicológica semelhante à da pequena-burguesia alemã, a qual contribuiu para o estabelecimento do nazismo, assolava, no pós-guerra, certa classe média nos países mais industrializados do mundo. Poder-se-ia apontar como causa disso, dentre outros fatores, a existência de semelhanças subterrâneas entre todos os arranjos políticos e sociais que se abrigam na infraestrutura econômica do capitalismo tardio. Seria possível acrescentar, ainda, que a aludida fraqueza de ego não apenas se fazia sentir na época da redação de *As estrelas descem à Terra* como também continua ocorrendo no presente, e agora, depois do início da chamada "globalização", não apenas nos países mais ricos, mas em todo o mundo ocidental ou diretamente influenciado por ele. E, no espírito da análise proposta por Adorno, poderíamos dizer que a causa mais objetiva da difusão universal dessa fraqueza do ego, ainda que historicamente enraizada no processo econômico-pulsional descrito anteriormente, pode ser encontrada numa progressiva falta de

As estrelas descem à Terra

transparência da economia mundial dominada por poucas dúzias de conglomerados transnacionais, os *global players*. Em outras palavras, depois da desmoralização das ridículas personalizações e exteriorizações políticas das figuras paternas perdidas – dos Hitlers, dos Mussolinis, dos Stálins –, o sistema de dominação se despersonalizou ainda mais, até o ponto em que os "Big Brothers" (aliás: gênero de *reality show* plenamente globalizado) hoje não passam de pequenos oportunistas à procura de um pé-de-meia e/ou de uma chance no *show business*.

Retornando ao comentário do texto, um dos elementos que mais chamaram a atenção de Adorno na análise da coluna astrológica de Carroll Righter é a intencional exploração da fraqueza de ego dos seus leitores. A ela corresponde uma situação de fragilidade social e econômica real, que se tornou a segunda natureza das camadas mais amplas das sociedades capitalistas tardias. Segundo Adorno, o autor da coluna sabe muito bem de tudo isso, tanto é que uma constante do seu discurso é a pressuposição de certa ameaça que paira sobre seus leitores. A esse respeito, Adorno observa que, apesar de todas as pessoas serem peças facilmente substituíveis numa economia capitalista hiperdesenvolvida e, portanto, pairar sobre elas incessantemente a ameaça de demissão, essa possibilidade nunca é abertamente colocada. E isso não devido a um possível respeito de Righter pelos seus leitores, mas como uma estratégia de especulação com sua – pressuposta e sabida – fraqueza de ego, a qual venha a garantir certa dependência com relação à coluna e, por conseguinte, o pequeno poder exercido pelo seu autor.

A Adorno repugna o fato de o conhecimento que o autor da coluna demonstra ter sobre a debilidade psicológica dos seus

Theodor W. Adorno

leitores não o levar a agir minimamente no sentido de estimulá-los a atingir certa autonomia pessoal; pelo contrário, o objetivo parece ser submetê-los cada vez mais a uma situação de tutelados, de pessoas infantilizadas que esperam pelo conselho do seu preceptor para tudo que têm que fazer em suas vidas.

Outro elemento que se tornou evidente para Adorno foi a conexão da coluna astrológica de Carroll Righter com a cultura de massas. A começar do fato, mencionado pelo filósofo, de que esse colunista se tornou conhecido à época como consultor astrológico de vários atores e atrizes de Hollywood (o que se espelha ironicamente no título dado à obra). Além disso, em várias passagens Adorno se refere explicitamente ao parentesco das colunas de astrologia com a indústria cinematográfica, designando-a com o eufemismo "fábrica de sonhos".

Quanto a essa expressão, Adorno lembra, valendo-se de conceitos psicanalíticos, que os sonhos são um mecanismo absolutamente fundamental na vida psíquica dos indivíduos considerados normais, já que os afasta do perigo de ataque pelo material instintual, uma vez que o transforma em representações imagéticas internas, absorvíveis pelo seu caráter de idealidade. Entretanto, quando os sonhos não são produzidos pelo próprio indivíduo, mas "fabricados" externamente, o resultado não é o restabelecimento do equilíbrio psíquico, mas a geração artificial de uma dependência psicológica que vem ao encontro dos interesses ideológicos do sistema econômico: "Para o indivíduo, a crença astrológica não é uma expressão espontânea de sua vida mental, não é 'algo seu' da mesma forma que o conteúdo do sonho, mas sim algo que ele encontra pronto, uma irracionalidade cuidadosamente preparada e pré-

As estrelas descem à Terra

-digerida. Nessa medida, o termo 'fábrica de sonhos' aplicado aos filmes aplica-se também à astrologia. (p.59) Vista a questão sob um outro aspecto, pode-se dizer que os sonhos que alguém espontaneamente sonha possuem uma função de mediação entre o mundo psíquico e a realidade exterior de um modo que efetivamente só diz respeito àquele que sonha. Isso é, naturalmente, desconsiderado, tanto pela cultura de massas em geral quanto pelas colunas astrológicas em particular, de modo que ambas produzem nos seus sonhos fabricados uma mistura de realidade e irrealidade:

> De forma muito semelhante à indústria cultural, a astrologia tende a eliminar a distinção entre fato e ficção: seu conteúdo é muitas vezes exageradamente realista, ao mesmo tempo que sugere atitudes baseadas em fontes inteiramente irracionais, como o conselho de se evitar fechar negócios em um determinado dia. (idem)

Num outro trecho, Adorno reforça a conexão do discurso de Righter com a totalidade dos procedimentos típicos da cultura de massas, conscientemente assumidos por seus próprios agentes, no sentido de aperfeiçoá-los como mecanismo de manipulação ideológica, na medida em que aprofunda a dependência de seu público consumidor:

> Aqui, novamente, a coluna está em sintonia com a indústria cultural como um todo. A referência costumeira à "fábrica de sonhos", hoje empregada pelos próprios representantes da indústria cinematográfica, contém apenas uma meia-verdade – ela diz respeito apenas ao "conteúdo sonhado" superficial. Entretanto, a mensagem ou "ideia latente" do sonho promovida pelos filmes e pela televisão reverte àquela dos sonhos de verdade. Trata-se de um apelo a agências de controle psicológico, em vez de uma tentativa de libertar o inconsciente. (p.77)

Theodor W. Adorno

É interessante observar que, se no início do ensaio, ao mencionar a expressão "fábrica de sonhos", Adorno associa a astrologia mais ao setor cinematográfico, nas suas páginas conclusivas ele se refere à indústria cultural como um todo, incluída aí também a televisão, que, ainda antes de se tornar o meio provavelmente mais poderoso da cultura de massas, à época dava os seus primeiros passos:

A moda da astrologia pode ser compreendida principalmente como a exploração comercial desta mentalidade, tanto pressupondo quanto corroborando suas tendências retrógradas. Nisso, ela é obviamente uma parte do padrão totalmente abrangente da indústria cultural; de fato, a ideologia específica promovida por uma publicação como a coluna do *Los Angeles Times* é idêntica àquela que emerge dos filmes e da televisão, embora o tipo de pessoas aos quais ela está dirigida seja provavelmente diferente. (p.186)

Antes de me encaminhar para as palavras conclusivas desta apresentação, eu gostaria de assinalar mais dois fortes elementos da conexão, apontada por Adorno, entre a astrologia e a indústria cultural, a saber, o culto dos *gadgets* e o tratamento dos acontecimentos biográficos dos leitores da coluna astrológica como se fosse o "script" de um filme destinado ao grande público.

No que tange ao primeiro tópico, Adorno chama a atenção para uma espécie de fetichização dos eletrodomésticos e eletroportáteis, como se eles fossem a salvação das vidas prejudicadas dos leitores típicos da coluna. É evidente que, à primeira vista, impera, apenas de modo não tão declarado, a mesma lógica das estridentes propagandas televisivas de lava-roupas ou lava-louças, mas há algo mais do que isso, na medida em que o fetichismo dos *gadgets* pode ser uma reação regressiva à percepção, pelas pessoas comuns, de seu próprio estado de reificação:

As estrelas descem à Terra

Parece que o tipo de regressão característica das pessoas que não se sentem mais como se fossem sujeitos capazes de determinar seu próprio destino é concomitante com uma atitude fetichista relativamente às mesmas condições que tendem a desumanizá-las. Quanto mais elas são gradualmente transformadas em coisas, mais elas investem as coisas com uma aura humana. (p.102-3)

No entanto, ainda no que concerne à paixão das massas pelos *gadgets*, Adorno aponta para um fator adicional, a saber, a ilusão de onipotência que eles proporcionam ao funcionarem adequadamente, fato recompensado pela aprovação social imediata, que é tão cara ao portador de um ego enfraquecido:

Ao mesmo tempo, a libidinização dos aparelhos domésticos é indiretamente narcisista, à medida que ela alimenta o controle da natureza do ego: estes aparelhos proporcionam ao sujeito memórias de sentimentos primitivos de onipotência. (idem)

Mas, para além de todas essas estratégias que incluem sutilezas psicológicas, o autor da coluna por vezes é extremamente direto nos seus comandos associados às demandas ideológicas do sistema econômico, como nos dá a conhecer Adorno no seguinte trecho:

Uma vez que este tipo de catexia passa dos fins para os meios, que são, então, tratados como se fossem coisas em si mesmas, pode-se observar uma grande afinidade com o concretismo, a qual é traída, na coluna, por certas declarações bastante excêntricas do tipo "compre aparelhos eletroeletrônicos" [*gadgets*] interessantes. (p.103)

O segundo forte elemento de conexão da coluna astrológica de Righter com a indústria cultural como um todo diz respeito ao esquema vislumbrado pelo autor para a biografia dos seus leitores que se assemelha ao roteiro de um filme "C" ou de uma novela de televisão. Aqui, Adorno se vale de uma expressão já empregada no capítulo sobre a indústria cultural da *Dialética do esclarecimento* para designar a vacuidade dos *scripts* característicos da cultura de massas: "getting into trouble and out again":

> Deve-se observar que o padrão ameaça-ajuda da coluna está relacionado de forma muito estreita com dispositivos bastante difundidos pela cultura de massa contemporânea. Herta Herzog apontou, em seu estudo "Sobre a experiência emprestada", que os seriados ou novelas diurnos para mulheres geralmente seguem a fórmula "envolver-se em problemas e sair deles", um dispositivo que, incidentalmente, também parece ser válido para o jazz, que constantemente trata de entrar e sair de algum tipo de "aperto". Esta fórmula é igualmente aplicável à coluna astrológica. (p.69-70)

Para concluir, eu gostaria de indicar algo que não se encontra explicitamente no texto de Adorno, mas que está no espírito não apenas de *As estrelas descem à Terra*, mas também de vários outros escritos do filósofo. Esse tópico diz respeito não mais à semelhança das colunas astrológicas com os meios mais difundidos da indústria cultural, mas a uma diferença fundamental entre eles. O primeiro aspecto a ser ressaltado é que o próprio Adorno chama a atenção para uma divisão do trabalho interna à indústria cultural, tendo em vista, nesse caso, uma suposta especificidade dos públicos mais típicos de cada um dos seus *media*: "Há algum grau de 'divisão de trabalho' também entre os diversos tipos de meios de comunicação de massa, principalmente com respeito aos diversos tipos de clientela que cada meio tenta capturar" (p.186). Mas é provável que essa divisão de trabalho não diga respeito apenas a diferenças

As estrelas descem à Terra

de público-alvo, atingindo o *modus operandi* dos meios, tendo em vista a natureza mais básica do seu suporte.

Talvez não seja errado dizer que os meios mais poderosos da indústria cultural, tais como o cinema, a televisão e, mais recentemente, os recursos computacionais, são principalmente voltados para a imagem. Quanto a isso, é interessante observar que, mesmo os recursos ligados à difusão e ao registro de sons, como o rádio e as gravações sonoras, se encontram cada vez mais dependentes dos sistemas de imagem. Nesse sentido, os *media* da indústria cultural que incorporam os sons, mas são principalmente baseados nas imagens, desde o início se contrapuseram aos registros tradicionais, fundados principalmente na escrita. Essa não apenas se constituiu historicamente como poderoso meio de memória material, mas sempre esteve ligada aos códigos de conduta, sacros ou leigos, que desde tempos imemoriais dirigiam o comportamento das pessoas comuns. Sob esse aspecto, poder-se-ia dizer – e não faltam aqueles que o dizem! – que a superação da escrita pela imagem significaria um progresso na liberdade pessoal, já que os costumes tenderiam a ser menos codificados do que o eram no passado tradicional.

Mas é evidente que isso não ocorreu, já que o advento do capitalismo tardio marca o início de um período da história em que, mesmo sob a aparência de um aumento de independência com relação aos códigos de conduta preestabelecida, consolidou-se um inaudito aprisionamento das pessoas aos ditames do sistema econômico, motivo pelo qual Adorno denomina essa situação de "mundo administrado" (*verwaltete Welt*). Essa questão não passou despercebida ao filósofo, que se empenhou em compreender de que modo a liberdade das pessoas tem se tornado cada vez mais limitada, mesmo tendo

Theodor W. Adorno

em vista o mencionado predomínio dos meios imagéticos, em detrimento da escrita.

A proposta de Adorno, nesse sentido, é perceber em que medida às imagens veiculadas pelos principais meios da indústria cultural subjaz uma escrita velada que tem exatamente a forma de um comando. Já no texto, que provavelmente foi redigido à época de composição da *Dialética do esclarecimento*, intitulado "O esquema da cultura de massas", o filósofo chama a atenção para o subtexto comum às imagens das pessoas que fisicamente preenchem as expectativas impostas pelos meios de comunicação, exemplificando com o aparecimento, num filme, de uma "garota reluzente", seja na condição de heroína ou de vilã a ser punida no habitual *happy end*: "Enquanto signo escrito (*Schriftzeichen*), porém, a garota reluzente anuncia algo totalmente diferente dos dísticos psicológicos que saem de sua boca sorridente. A saber, a instrução de que se deve ser parecida com ela. O novo contexto, no qual as imagens dirigidas se encontram é, antes de tudo, o do comando". *

Num texto bem posterior, "Prólogo para a televisão", Adorno é bem explícito quanto ao relacionamento da "instrução" ou do "comando", mencionados, com a escrita subjacente às "imagens técnicas", para usar uma expressão cara a Vilém Flusser.** Aqui, as imagens em geral, não necessariamente perpassadas pela escrita do comando, são vistas como exterioriza-

---

* "Das Schema der Massenkultur", HORKHEIMER, Max; ADOR-NO, Theodor. *Dialektik der Aufklärung*, op. cit., p.333.

** FLUSSER, Vilém. *Pós-história*. Vinte instantâneos e um modo de usar. São Paulo: Duas Cidades, 1983, p.97ss. V. tb. *Filosofia da caixa preta*. Ensaios para uma futura filosofia da fotografia. Rio de Janeiro: Relume-Dumará, 2002.

As estrelas descem à Terra

ções dos elementos oníricos, aos quais Adorno se referiu ao comentar a expressão "fábrica de sonhos". As imagens cinematográficas e televisivas, já por seu modo de geração no sentido de obter na retina a ilusão do movimento, introduzem obrigatoriamente o caráter de escrita sub-reptícia com sua característica de comando: "Enquanto as imagens querem despertar aquilo que se encontra soterrado no espectador e o que lhe é semelhante, as imagens intermitentes e fugidias do filme e da televisão se aproximam da escrita. Elas são concebidas, não consideradas. O olho é arrastado pelas tiras como pelas linhas e no suave solavanco da mudança de cena, a página se passa a si mesma. Enquanto imagem, a escrita imagética (*Bilderschrift*) é meio de uma regressão, na qual produtores e consumidores se encontram reunidos; enquanto escrita, ela põe à disposição as imagens arcaicas da modernidade. Magia desencantada, elas não revelam qualquer segredo, mas são modelo de um comportamento que corresponde à gravitação de todo o sistema, assim como à vontade dos controladores".*

Essa incursão pela proposta adorniana sobre a escrita subjacente às imagens como um indício da manutenção do caráter coercitivo dos *media* da cultura de massas, mesmo depois da queda, pelo menos no mundo ocidental, da vigência dos estritos – e escritos – códigos de conduta tradicionais, tem como objetivo sugerir uma peculiaridade das colunas astrológicas – tão comuns, ainda hoje, nos quatro cantos do mundo – no seio da indústria cultural: elas são o lugar em que a escrita, portanto, o puro e simples comando, não se esconde por trás

---

* ADORNO, Theodor, "Prolog zum Fernsehen", *Gesammelte Schriften*, v.10.2. Frankfurt a. M.: Suhrkamp, 1996, p.514.

de imagens tecnologicamente produzidas e, talvez por isso mesmo, atingem certo público que não realizou, em relação às imagens, algo como a supramencionada "catexia". Talvez por isso, ao afirmar, num trecho citado, que a astrologia é parte integrante "do padrão totalmente abrangente da indústria cultural" e que "a ideologia específica promovida por uma publicação como a coluna do *Los Angeles Times* é idêntica àquela que emerge dos filmes e da televisão", Adorno faz a seguinte ressalva: "Embora o tipo de pessoas aos quais ela está dirigida seja provavelmente diferente" (p.186).

Certamente o que pude introduzir nessa pequena apresentação está muito aquém da enorme riqueza e profundidade da análise de Adorno. Dou-me, no entanto, por satisfeito se o meu texto cumprir o papel de ressaltar, além de todas as suas outras qualidades, a enorme atualidade que o ensaio "As estrelas descem à Terra" – transcorridos mais de cinquenta anos de sua primeira publicação – ainda possui.

Bibliografia básica recomendada

CROOK, Stephen. Introduction: Adorno and authoritarian Irrationalism. In: ADORNO, Theodor. *The Stars down to Earth and other Essays on the Irrational in Culture*. London/New York, Routledge, 1994.

DUARTE, Rodrigo. *Teoria crítica da indústria cultural*. Belo Horizonte: UFMG, 2003 (1ª reimp. 2007).

DUTTON, Denis. "Astrology, Computers, and the Volksgeist". *Philosophy and Literature*, v.19, n.2, Oct. 1995, p.424-34.

JAY, Martin. *Permanent Exiles. Essays on the Intellectual Migration from Germany to America*. New York: Columbia University Press, 1985.

WUTHNOW, Robert. "Astrology and Marginality". *Journal for the Scientific Study of Religion*, v.15, n.2, Jun. 1976, p.157-68.

// Introdução

O conjunto de estudos ao qual pertence a análise do conteúdo da coluna de astrologia do *Los Angeles Times* tem como objetivo a investigação da natureza e das motivações de alguns fenômenos sociais de larga escala que envolvem uma série de elementos irracionais peculiarmente misturados àquilo que poderia ser chamado de pseudorracionalidade. Desde já algum tempo, vêm se tornando evidentes em todo o mundo diversos movimentos de massa nos quais as pessoas parecem agir contra seus próprios interesses racionais de autoconservação e "busca da felicidade". Seria um engano, entretanto, dizer que tais fenômenos de massa são simplesmente "irracionais", ou vê-los como completamente desconectados dos objetivos do ego[*] individual e coletivo. De fato, a maior parte deles está baseada em um exagero ou distorção de tais objetivos do ego, e não em sua inobservância.

---

[*] A Comissão Editorial optou por traduzir os termos do aparelho psíquico freudiano *Ich*, *Es* e *Überich* por "eu, isso e supereu", pois são mais fiéis ao sentido não substancialista que tais termos têm no original em alemão. No entanto, como este livro foi escrito diretamente em inglês, Adorno serviu-se da tradução dos termos freudianos feita por

Theodor W. Adorno

Eles funcionam como se a racionalidade de automanutenção do corpo político tivesse crescido, de forma maligna e ameaçando, com isto, destruir o organismo. Esta malignidade, entretanto, pode ser demonstrada apenas depois da autópsia, pois, frequentemente, a consistência de encaminhamentos aparentemente racionais leva a eventos fatais, sendo o mais recente exemplo disso a política de expansão nacional astuta e temporariamente muito bem-sucedida de Hitler, a qual, por sua própria lógica, levou inexoravelmente à capitulação e à catástrofe mundial. De fato, mesmo quando nações inteiras assumem o papel de aproveitadoras da *"Realpolitik"*, tal racionalidade é, no máximo, apenas parcial e duvidosa. Enquanto o cálculo egoísta é expandido ao extremo, a visão da totalidade dos fatores e, particularmente, dos efeitos de tal política sobre o todo, é estranhamente diminuída. A perspicácia excessivamente concentrada no interesse próprio resulta na deterioração da capacidade de enxergar além dele, o que resulta em prejuízo para o interesse próprio. A irracionalidade não é necessariamente uma força que opera em uma esfera externa à racionalidade: ela pode resultar do transtorno de processos racionais de autoconservação.

15 // Este é o padrão de interação entre forças racionais e irracionais que opera nos movimentos de massa modernos sobre os quais nossos estudos esperam lançar alguma luz. O perigo não é, conforme certas teorias gostariam que fosse – a de Brickner, por exemplo, exposta no seu *Is Germany Incurable?*[1] –,

---

James Strachey. Por isso, tais traduções foram conservadas, assim como aquela que compreende *Trieb* como instinto.

1 BRICKNER, Richard Max. *Is Germany Incurable?* Introdução de Margaret Mead e Edward A. Strecker. Philadelphia: J. B. Lippincott Company, 1943. [Nota da edição alemã – NEA]

As estrelas descem à Terra

uma doença especificamente alemã, a paranoia coletiva de uma nação em particular, mas parece estar ligado a condições sociais e culturais mais universais. Uma das contribuições mais importantes neste sentido que pode ser avançada pela Psiquiatria e por uma sociologia psicanaliticamente orientada é revelar certos mecanismos que não podem ser apreendidos de modo adequado, nem exclusivamente em termos do que é sensato, nem em termos do que é ilusório. Tal investigação aponta distintamente para fundamentos ligados a certas disposições subjetivas, os quais, entretanto, não podem ser explicados inteiramente em bases psicológicas. Às vezes, está nitidamente envolvida a estrutura psicótica de caráter, embora isso não ocorra sempre. Em vista da pressuposição da "suscetibilidade" psicológica, pode-se assumir que aqueles mecanismos não se manifestam apenas na esfera da política, a qual, ao menos superficialmente, está conectada com a realidade, mas podem ser igualmente estudados em outras áreas sociais, talvez até com maior sucesso, embora o fator de realidade esteja raramente ausente mesmo das modas que de alguma forma se orgulham da própria irracionalidade. Uma abordagem deste tipo é menos prejudicada por racionalizações, que, no campo da política, são difíceis de pôr de lado e, ademais, excluem da discussão certos tabus e cânones de comportamento. Mas, acima de tudo, ela torna possível analisar a estrutura interna de tais movimentos em uma escala reduzida, como que em um tubo de ensaio, e em um momento em que sua manifestação ainda não tem uma forma tão diretamente ameaçadora a ponto de não permitir uma pesquisa objetiva e distanciada. Assim, pode-se evitar parcialmente o perigo de uma teoria *ex post facto*.

Theodor W. Adorno

É nesse espírito que empreendemos o estudo da astrologia, e não porque superestimamos sua importância como um fenômeno social *per se*, ainda que este seu efeito seja nefasto, sob diversos aspectos. A natureza específica do nosso estudo não é uma psicanálise direta do oculto, do tipo iniciado pelo famoso ensaio de Freud, // "O 'estranho'",[2] e desenvolvido por numerosos esforços científicos, agora reunidos pelo dr. Devereux em *Psychoanalysis and the Occult*.[3] Não queremos examinar experiências ocultas ou crenças supersticiosas individuais de qualquer tipo como expressões do inconsciente. Na verdade, o oculto como tal possui apenas uma função marginal em sistemas como o da astrologia organizada. Sua esfera tem muito pouco em comum com aquela do espiritualista que vê e ouve fantasmas, ou com a telepatia. Em analogia com a diferenciação sociológica dos grupos primários e secundários,[4] podemos definir nossa área de interesse como a da "superstição secundária". Com isso, queremos dizer que a experiência primária do indivíduo com o oculto, qualquer que seja seu significado psicológico e as raízes de sua validade, raramente – ou talvez nunca – entra nos fenômenos sociais aos quais dedicamos nossa atenção. Ao contrário, o oculto aparece, aqui, institucionalizado, objetivado e amplamente socializado. Assim como, nas comunidades

---

2 FREUD, Sigmund. "The 'Uncanny'" (1919). *Collected Papers*, trad. Joan Riviere, v.4 (London: Hogarth Press e Institute of Psycho-Analysis, 1925), p.368-407. ["O 'estranho'", 1919, v.XVII.]

3 DEVEREUX, George (Ed.). *Psychoanalysis and the Occult*. New York: International Universities Press, 1953. [NEA]

4 COOLEY, Charles Horton. *Social Organization: A Study of the Larger Mind*. New York: Charles Scribner's Sons, 1909. cap. III; PARK, Robert E.; BURGESS, Ernest W. *Introduction to the Science of Sociology*. Chicago: The University of Chicago Press, 1921. p.50, 56-7, 282-7.

As estrelas descem à Terra

secundárias, as pessoas não mais "vivem juntas", e tampouco conhecem a si mesmas diretamente, mas relacionam-se umas com as outras mediante processos sociais intermediários objetivados (por exemplo, a troca de mercadorias), também as pessoas que respondem ao estímulo que investigamos aqui parecem de alguma forma "alienadas" da experiência na qual poderiam afirmar que suas decisões estão baseadas. A participação nessa experiência se dá, em grande parte, por meio da mediação de revistas e jornais, visto que o aconselhamento de astrólogos profissionais é muito caro, e frequentemente tais informações são aceitas como fontes de orientação confiáveis, sem que a crença seja amparada por qualquer suporte pessoal. O tipo de pessoa relevante para nosso estudo toma a astrologia como algo certo, da mesma forma que a psiquiatria, os concertos sinfônicos ou os partidos políticos. A astrologia é aceita porque *existe*, sem muita reflexão, bastando, unicamente, que as exigências psicológicas do indivíduo // correspondam de algum modo àquilo que é oferecido. A justificativa do sistema não interessa. Na coluna de jornal sobre a qual se debruçou majoritariamente a presente monografia, a mecânica do sistema astrológico nunca é divulgada. Aos leitores são apresentados apenas os pretensos resultados do raciocínio astrológico, do qual eles não participam ativamente.

Essa alienação da experiência, certa aura de abstração que envolve todo o reino do oculto comercializado, pode muito bem existir simultaneamente a um substrato de descrença e ceticismo, a suspeita de falsidade tão profundamente associada com a irracionalidade moderna da diversão e do entretenimento. É claro que isso tem razões históricas. Os movimentos de ocultismo modernos, incluindo a astrologia, são adaptações mais ou menos artificiais de antigas superstições, e o fato de que a suscetibilidade a tais crenças ressuscitadas sobreviva, ainda que elas permaneçam basicamente discordantes com o estado universal de esclarecimento, deve-se a certas condições sociais e psicológicas. A ausência de uma "seriedade" fundamental, que, diga-se de passagem, de forma alguma torna tais fenômenos menos sérios no que diz respeito às suas implicações sociais, é um traço tão característico de nosso tempo quanto a difusão do ocultismo secundário *per se*.

Pode-se objetar que a leitura organizada do destino tem, desde tempos imemoriais, o caráter de uma "superstição secundária". Ela está, há milhares de anos, separada de qualquer coisa que pudesse ser chamada de experiência primária por uma divisão de trabalho segundo a qual só os sacerdotes podem ter acesso aos mistérios esotéricos e, portanto, sempre carregou o elemento de falsificação expresso no velho dito latino de que um adivinho ri quando vê outro adivinho. Como sempre é o caso em se tratando de argumentos que pretendem desacreditar qualquer interesse na modernidade específica dos fenômenos, insistindo em que não há nada novo sob o sol, esta objeção é ao mesmo tempo verdadeira e falsa. Ela é verdadeira uma vez que a institucionalização da superstição não é de forma alguma nova; ela é falsa no sentido que esta institucionalização alcançou, por meio da produção em massa, quantidade que provavelmente resulta em uma nova qualidade de atitude e comportamento, e dado que a lacuna entre os sistemas de superstição e a mentalidade geral foi tremendamente alargada. Podemos fazer referência, aqui, apenas ao distanciamento já mencionado entre grandes grupos de pessoas que creem na superstição e o "funcionamento" // dela, bem como ao seu interesse nos resultados totais, em vez de nos pretensos poderes sobrenaturais. Não se pode mais ver os bruxos trabalhando, e tampouco é permitido ouvi-los dizendo abracadabra. O que é transmitido às pessoas é uma espécie de informação confidencial. Além disso, deve-se frisar que, em períodos anteriores, a superstição era uma tentativa, ainda que inadequada, de lidar com problemas para os quais não se dispunham de meios melhores ou mais racionais, pelo menos no que concerne às massas. A separação clara entre a alquimia e a química, entre a astrologia e a astronomia, é uma realização comparativamente recente. Hoje, entretanto, é patente a incompatibilidade entre o progresso nas ciências naturais, tais como a astrofísica, e a crença na astrologia. Aqueles que combinam o conhecimento de ambas são forçados a uma regressão intelectual que, anteriormente, dificilmente entrava em jogo. Em um mundo no qual, através da literatura científica popular, e em particular da ficção científica, qualquer garoto em idade escolar sabe da existência de bilhões de galáxias, da insignificância cósmica da Terra e das leis mecânicas governando os movimentos dos sistemas estelares, a visão geocêntrica e antropocêntrica implicada pela astrologia é completamente anacrônica. Assim, podemos assumir que apenas exigências instintuais muito fortes podem fazer que as pessoas ainda aceitem ou venham a aceitar a astrologia. Sob as atuais circunstâncias, o sistema astrológico pode funcionar apenas como "superstição secundária", majoritariamente excluída do controle crítico do indivíduo, e oferecida de maneira autoritária.

É necessário frisar esse caráter de "superstição secundária", uma vez que ele oferece a chave para um dos elementos mais estranhos do material que estamos investigando. Trata-se exatamente da pseudorracionalidade, o mesmo traço que desempenha um papel tão evidente nos movimentos sociais totalitários, a adaptação calculista – e, no entanto, espúria – às necessidades realistas. Novamente, pode-se dizer que talvez tais características tenham marcado a adivinhação do futuro desde tempos imemoriais. Sempre se quis apreender por meio de sinais ocultos o que se deveria esperar ou fazer; de fato, a superstição é, em grande parte, o resíduo de práticas mágicas animistas pelas quais a humanidade de outrora tentava influenciar ou controlar o curso das coisas. Mas a sobriedade, ou melhor, o super-realismo (*overrealism*) de nosso material, em contraste com qualquer elemento que pudesse ser remotamente reminiscente do sobrenatural, parece ser uma das // suas características mais paradoxais e provocantes. O próprio super--realismo pode ser, em certo sentido, irracional, como ocorre com o hiperdesenvolvimento autodestrutivo do interesse próprio que indicamos anteriormente. Além disso, será provado, no curso de nossos estudos, que a irracionalidade astrológica encontra-se reduzida, em grande parte, a uma característica puramente formal: a autoridade abstrata.

Nosso interesse na superstição secundária naturalmente impõe que nos concentremos menos nas explicações psicológicas das tendências individuais ao oculto do que na configuração total da personalidade daqueles que são suscetíveis a estes estímulos tão difundidos. De modo a abordar esse problema, será necessário empregar categorias psiquiátricas e sociopsicológicas. Em vista do entrelaçamento de elementos racionais e irracionais, estamos principalmente interessados nas "mensagens" diretas ou indiretas transmitidas pelo material aos seus consumidores: tais mensagens combinam a irra-

As estrelas descem à Terra

cionalidade (à medida que objetivam uma aceitação cega e pressupõem raiva inconsciente nos consumidores) e racionalidade (à medida que lidam com problemas cotidianos mais ou menos práticos para os quais elas pretendem oferecer a resposta mais útil). Muito frequentemente é como se a astrologia fosse apenas uma capa autoritária, enquanto a matéria em si lembra fortemente uma coluna de saúde mental escrita para oferecer uma autoconscientização limitada ou um apoio paternal. A coluna tenta satisfazer os desejos de pessoas que estão inteiramente convencidas de que há outras pessoas (ou agentes desconhecidos) que são capazes de um conhecimento sobre elas e sobre o que deveriam fazer que nunca poderiam alcançar sozinhas. É esse aspecto "mundano" da astrologia que particularmente sugere uma interpretação social e psicológica. De fato, muitas mensagens são de uma natureza diretamente social ou psicológica, ainda que raramente expressem de forma adequada a realidade social ou psicológica. Ao contrário, empreendem uma manipulação das ideias dos leitores a respeito de tais assuntos em uma direção bem definida, de modo que não devem ser tomadas conforme aparecem, mas sim ser submetidas a uma análise mais profunda.

// A coluna de astrologia do Los Angeles Times

20

O presente estudo consiste em uma análise de conteúdo. Cerca de três meses da coluna diária "Previsões Astrológicas", escrita por Caroll Righter no *Los Angeles Times*, de novembro de 1952 até fevereiro de 1953, foram submetidos a interpretação. Como corolário, são feitas algumas observações a respeito de certas revistas astrológicas. A intenção é apresentar um quadro dos estímulos específicos que operam em seguidores da astrologia que hipoteticamente percebemos como representantes do grupo completo das pessoas envolvidas com o "ocultismo secundário", bem como dos efeitos supostos de tais estímulos. Assumimos que tais publicações, em alguma medida, modelam o pensamento de seus leitores; entretanto, elas também pretendem ajustar-se às suas necessidades, vontades, desejos e exigências de modo a "vender". Tomamos essa análise de conteúdo como um passo no sentido de estudar a mentalidade de grupos maiores de natureza semelhante.

Várias razões justificam a escolha desse material. Limitações no que diz respeito a instalações de pesquisa impediram um real trabalho de campo, e nos impeliram a uma concentração no material impresso, e não nas reações primárias. O material astrológico desse tipo mostrou-se muito abundante e de fácil acesso. Além disso, entre as várias escolas ocultistas, a astrologia provavelmente tem o maior número de seguidores na população. A astrologia por certo não é um dos ramos extremos do ocultismo, mas constrói fachadas de pseudo-racionalidade que a tornam mais fácil de aceitar do que, por exemplo, o espiritualismo. Não há aparição de fantasmas, e as previsões são pretensamente derivadas de fatos astronômicos. Assim, a astrologia pode não evidenciar mecanismos psicóticos tão claros quanto aquelas outras tendências mais obviamente lunáticas da superstição, o que pode dificultar nosso estudo no que diz respeito à compreensão das camadas inconscientes mais profundas do neo-ocultismo. Essa possível desvantagem, entretanto, é compensada pelo fato de que a astrologia se difundiu em amplos setores da população, de modo que as descobertas, à // medida que se mantiveram parcialmente confinadas ao nível do ego e a determinantes sociais, podem ser generalizadas com maior confiança. Além disso, do ponto de vista da psicologia social, estamos interessados justamente na pseudo-racionalidade, na zona de lusco-fusco entre a razão e os impulsos inconscientes.

Por ora, nosso estudo precisa limitar-se ao qualitativo. Ele representa uma tentativa de entender o que as publicações astrológicas significam em termos da reação dos leitores, tanto em um nível aparente e evidente como em um nível mais profundo. Embora essa análise seja guiada por conceitos psicanalíticos, deve-se apontar, desde o início, que nossa abordagem, ainda que envolva sobretudo atitudes e ações sociais, precisa considerar fases conscientes ou semiconscientes. Não seria apropriado pensar exclusivamente em termos do inconsciente,

As estrelas descem à Terra

dado que os próprios estímulos são calculados conscientemente e institucionalizados a tal ponto que seu poder de alcançar diretamente o inconsciente não pode ser visto como absoluto. Além disso, questões de interesse pessoal egoísta entram em jogo de modo contínuo e aberto. Com frequência, objetivos superficiais estão mesclados a gratificações substitutivas do inconsciente.

De fato, o conceito de inconsciente não pode ser postulado dogmaticamente em qualquer estudo que diga respeito à área limítrofe dos determinantes psicológicos e das atitudes sociais. Em todo o campo das comunicação de massa, o "significado oculto" não é de modo algum inconsciente, mas representa uma camada que não é admitida nem é reprimida – a esfera da insinuação, da piscadela de olho, do "você sabe do que estou falando". Frequentemente, deparamos com um tipo de "imitação" do inconsciente na manutenção de certos tabus que, entretanto, não são inteiramente endossados. Até agora, nenhuma luz foi lançada sobre essa zona psicológica obscura, e nosso estudo deveria, entre outras coisas, contribuir para seu entendimento. É desnecessário dizer que a base última dessa zona precisa ser buscada no verdadeiramente inconsciente, mas seria uma falácia perigosa considerar o lusco-fusco psicológico de numerosas reações de massa como manifestações diretas dos instintos.

No que se refere à eficácia para a mentalidade do leitor real, // nossos resultados devem necessariamente ser vistos como provisórios. São apresentadas formulações cuja validade só pode ser estabelecida pesquisando-se os próprios leitores – o que deveria ser feito. Podemos esperar que os autores do nosso material saibam o que estão fazendo e com quem estão falando, embora possam se basear em uma imagem de seus leitores formada por palpites e suposições estereotipadas, que talvez não fosse passível de confirmação pelos fatos. Além do mais, não deve haver dúvida de que em qualquer meio de comunicação de massa moderno é alimentada a ideia artificial de que, para moldar o material de comunicação de uma forma adequada à mentalidade daqueles responsáveis pela produção, ou aos seus desígnios, é necessário atender aos gostos de algum grupo. Encontra-se muito difundido o padrão ideológico que consiste em transferir a responsabilidade dos manipuladores para os manipulados. Assim, precisamos agir com cautela de modo a não tratar nosso material de forma dogmática, como uma reflexão espelhada da mente do leitor.

Por outro lado, tampouco tentamos fazer inferências por meio de nossa análise da mentalidade das pessoas responsáveis pelas publicações a serem examinadas, particularmente dos autores. Não nos parece que um estudo desse tipo nos levaria muito longe. Mesmo na esfera da arte, a ideia da projeção tem sido bastante supervalorizada. Embora as motivações do autor certamente estejam presentes no produto final, de forma alguma são tão determinantes como se costuma imaginar. Quando um artista se propõe um problema, este mobiliza uma força específica, mas, na maioria dos casos, ao traduzir sua concepção primária em realidade artística, o artista tem que seguir muito mais as exigências objetivas do produto do que sua própria ânsia de expressão. Certamente, tais exigências objetivas desempenham um papel decisivo nos meios de comunicação de massa, que dão mais ênfase ao efeito sobre o consumidor do que a qualquer problema artístico ou intelectual. Entretanto, a situação total aqui tende a limitar enormemente as chances

As estrelas descem à Terra

de projeção. Aqueles que produzem o material seguem inumeráveis procedimentos, regras, padrões de comportamento e mecanismos de controle que necessariamente reduzem a um mínimo a possibilidade de qualquer tipo de expressão pessoal. Certamente, as motivações do autor são apenas uma das fontes. Os padrões de comportamento a serem seguidos parecem ser muito mais // importantes. Ainda que seja difícil determinar a fonte particular de um produto como a coluna do *Los Angeles Times*, o material, devido ao seu caráter altamente integrado, fala uma linguagem própria que pode ser lida e entendida mesmo que não saibamos muito a respeito dos processos que levaram à sua formulação e a imbuíram de significado. Deve-se frisar que o entendimento de tal linguagem não pode ficar confinado aos seus morfemas individuais, mas deve permanecer sempre consciente do padrão total que esses morfemas vão formando ao se combinarem de forma mais ou menos mecânica. Alguns artifícios particulares que vez por outra se fazem presentes em nosso material, tais como, por exemplo, referências frequentes ao contexto familiar de uma pessoa nascida em um determinado dia, podem parecer completamente triviais e inofensivos se vistos isoladamente, mas, na unidade funcional do todo, podem obter um significado que vai muito além da ideia inofensiva e reconfortante que se oferece à primeira vista.

Situação básica da coluna

A coluna "Previsões Astrológicas", escrita por Carroll Righter, aparece no *Los Angeles Times*, um jornal conservador bastante inclinado para a ala de direita do Partido Republicano. O sr. Righter é bem conhecido no meio cinematográfico, e se supõe

Theodor W. Adorno

que ofereça aconselhamento astrológico privado para uma das mais famosas "estrelas" do cinema. Quando assumiu a coluna, o fato recebeu considerável publicidade, inclusive na televisão. Entretanto, as "Previsões Astrológicas" não contêm nenhum matiz de sensacionalismo hollywoodiano, ou do modismo comum no sul da Califórnia. O perfil da coluna é "moderado". Há somente umas poucas manifestações isoladas de superstição óbvia ou irracionalidade explícita. A irracionalidade é mantida nos bastidores, definindo a base da abordagem como um todo: tem-se como óbvio o fato de que os diversos prognósticos e aconselhamentos correspondentes são derivados das estrelas. Exceto no que tange à menção aos populares doze signos do zodíaco, estão ausentes quaisquer precisões e jargão astrológicos. Os aspectos mais sinistros da astrologia, tais como a ênfase em catástrofes // e no destino ameaçador, mal se fazem sentir. Tudo soa respeitável, sereno e plausível, e a astrologia como tal é tratada como algo estabelecido e socialmente reconhecido, um elemento incontroverso de nossa cultura, como se ela tivesse certa vergonha de seus próprios aspectos sombrios. Apenas muito excepcionalmente o aconselhamento prático oferecido ao leitor transgride os limites do que se pode encontrar em qualquer coluna que trate de relações humanas e psicologia popular. A única diferença é que o autor está amparado em sua autoridade eminentemente mágica e irracional, a qual destoa enormemente do conteúdo banal daquilo que ele tem para oferecer. Essa discrepância não pode ser vista como acidental. O próprio aconselhamento de senso comum contém, conforme será demonstrado adiante, diversos elementos "pseudorracionais" espúrios, os quais exigem um reforço de autoridade para serem eficazes. Ao mesmo

As estrelas descem à Terra

tempo, a relutância dos leitores em serem "razoáveis", conforme a coluna prescreve, pode determinar uma reação que só pode ser superada evocando-se a imagem de algum poder absoluto. Esse elemento autoritário, a propósito, também está presente nas colunas de psicologia popular às quais a coluna em questão se assemelha em tantos aspectos: nelas, a autoridade é conferida pelo especialista em vez do mago. Este último, não obstante, também se sente compelido a falar como especialista.

Ainda assim, a irracionalidade implícita na pretensão de a coluna ser inspirada nas estrelas não pode ser descartada, pois é ela que prepara o ambiente para o efeito final e desempenha uma função significativa, lidando com as ansiedades e as dificuldades daqueles a quem é endereçada. A astrologia, embora às vezes aspire a uma intimidade com a teologia, é basicamente diferente da religião. A irracionalidade da sua fonte não é apenas mantida remota, como envolve um tratamento impessoal e coisificado (*thing-like*): a filosofia subjacente à astrologia está na linha do que poderia ser chamado de sobrenaturalismo naturalista. Esse aspecto "despersonalizado" e impiedoso da fonte supostamente transcendente tem forte relação com a ameaça latente assinalada pela astrologia. A fonte permanece inteiramente abstrata, inalcançável e anônima. Isso reflete o tipo de irracionalidade segundo o qual a ordem total de nossa vida se apresenta para a maioria dos indivíduos: a irracionalidade do opaco e do inescrutável. // Não é possível para pessoas ingênuas enxergar através das complexidades de uma sociedade altamente organizada e institucionalizada, e até os indivíduos sofisticados não podem entendê-la em termos claros, racionais e consistentes, defrontando-se com antagonismos e absurdos, dos quais o mais patente de todos é a ameaça trazida para a humanidade pela mesma tecnologia desenvolvida para tornar a vida mais fácil. Quem quer sobreviver sob as condições atuais é tentado a "aceitar" tais absurdos, como o veredicto das estrelas, em vez de penetrá-los por meio de um pensamento que, em diversos sentidos, será causa de desconforto. Nisso, a astrologia está verdadeiramente em harmonia com uma tendência onipresente. Na mesma medida em que o sistema social é o "destino" da maioria dos indivíduos, independentemente de sua vontade e interesses, ele é projetado nas estrelas de modo a, assim, obter um grau maior de dignidade e justificação, do qual os indivíduos esperam eles mesmos participar. Ao mesmo tempo, a ideia de que as estrelas, quando lidas corretamente, oferecem conselhos funciona de modo a mitigar o mesmo medo da inexorabilidade dos processos sociais produzido pelo próprio observador das estrelas. Esse aspecto da ambivalência da própria astrologia é explorado pelo lado "racional" da coluna. A ajuda e o conforto fornecidos pelas impiedosas estrelas é equivalente à ideia de que apenas aquele que se comporta racionalmente, ou seja, alcança um controle completo sobre sua vida interna e externa, tem qualquer chance de, ajustando-se, agir em conformidade com as exigências contraditórias irracionais do existente. Assim, a discrepância entre os aspectos racionais e irracionais da coluna expressa uma tensão inerente à própria realidade social. "Ser racional" significa não questionar as condições irracionais, mas fazer o melhor possível com elas, do ponto de vista dos interesses privados.

Um aspecto verdadeiramente inconsciente, primitivo e possivelmente decisivo, que nunca é destacado na coluna, merece

As estrelas descem à Terra

atenção. O envolvimento com a astrologia pode oferecer àqueles que se deixam levar por ela um substituto para o prazer sexual de natureza passiva. Em primeira instância, isso significa a submissão à força desenfreada do poder absoluto. Entretanto, esta força e este poder que, em última análise, derivam da imago do pai são completamente despersonalizados pela astrologia. A comunhão com os astros é um substituto quase irreconhecível – e, por isso, tolerável – para // a relação proibida com uma figura paterna onipotente. Permite-se às pessoas gozar uma comunhão com a força absoluta, contanto que ela não seja mais considerada humana. Parece provável que as fantasias sobre a destruição do mundo e o juízo final, as quais aparecem em publicações astrológicas mais extremistas do que a coluna do *Los Angeles Times*, estejam conectadas com esse conteúdo fundamentalmente sexual, uma vez que são os últimos vestígios da expressão individual de sentimentos de culpa que se tornaram tão irreconhecíveis quanto sua fonte libidinal. Desconectadas dessa região, as estrelas significam o sexo sem ameaça. Elas são descritas como onipotentes, mas, por outro lado, estão muito distantes: ainda mais distantes que as figuras narcísicas de liderança descritas em "Psicologia das massas e a análise do eu",* de Freud.

A coluna e as revistas astrológicas

Pode ser pertinente, no presente estágio da exposição, caracterizar brevemente a diferença entre a coluna e publicações astrológicas, tais como as revistas *Forecast*, *Astrology Guide*,

---

* 1920, v.XVIII. [N.T.]

Theodor W. Adorno

American Astrology, World Astrology, True Astrology, Everyday Astrology e outras do tipo sensacionalista. Nenhum estudo sistemático desse material pôde ser empreendido até agora, mas ele foi suficientemente analisado para permitir uma comparação com a coluna do *Los Angeles Times*, contribuindo à adequada compreensão desta última. O material das revistas pode ser disposto segundo numerosos matizes, desde publicações bastante inofensivas, embora absolutamente primitivas, como a *World Astrology*, passando por publicações mais radicais, como a *True Astrology* e a *Everyday Astrology*, até publicações paranoicas, como a *American Astrology*. Todos os graus de ocultismo secundário estão presentes. Uma comparação ligeira, entretanto, indica que nossas observações parecem válidas para todas essas revistas.

É desnecessário dizer que tais revistas, dirigidas para um núcleo de seguidores da astrologia, e não para o público em geral, contêm material astrológico mais "técnico" e tentam impressionar os leitores tanto com um conhecimento "esotérico" quanto com // uma sofisticação "científica". Termos como "casa", "quadrante", "oposição" etc., ocorrem frequentemente. A astrologia não é tida como certa, mas tenta, com certa violência, defender seu "status". Assim, o número da revista do qual retiramos nossos exemplos contém uma polêmica contra um cientista que criticou a astrologia como superstição, comparando-a com a leitura da sorte nas entranhas de animais ou no voo dos pássaros.[5] As revistas parecem particu-

---

5 Deve-se observar que a atitude grosseira das revistas contra aquilo que consideram resíduos inferiores de superstições antiquadas não evita que prestem ao menos um tipo de solidariedade oficial aos

As estrelas descem à Terra

larmente sensíveis a tal comparação. As acusações do cientista são negadas pela observação um tanto tautológica de que a astrologia nunca lida com entranhas ou com pássaros. Ela almeja um nível de cientificidade pretensamente maior que as formas supostamente mais primitivas de sabedoria esotérica, sem, entretanto, entrar no cerne do argumento: o problema da falta de uma interconexão transparente entre as observações astronômicas e as inferências sobre o destino dos indivíduos ou das nações não é abordado.

A única diferença substancial que os astrólogos mais sofisticados podem apontar entre eles mesmos e a tribo das bolas de cristal é sua aversão a profecias desqualificadas – uma atitude presumivelmente devida à cautela. Os astrólogos reiteram continuamente que não são deterministas, e se encaixam no padrão da cultura de massa moderna que protesta tanto mais fanaticamente em nome dos princípios do individualismo e do livre-arbítrio, quanto mais a verdadeira liberdade de ação desaparece. A astrologia tenta se afastar de um fatalismo não refinado e impopular, estabelecendo forças externas que operam na decisão do indivíduo, incluindo seu próprio caráter, deixando a escolha fundamental em suas mãos. Isso tem significativas implicações sociopsicológicas. A astrologia encoraja as pessoas a tomar decisões constantemente, independentemente do quão inconsequentes essas decisões possam ser. Ela se direciona à ação prática, a despeito de todo o elevado

_____

embustes de caráter pseudocientífico que competem com elas atualmente. É promovido um espírito de companheirismo entre todos aqueles ocupados com o conhecimento esotérico. Uma referência séria é feita aos nossos "amigos numerólogos".

Theodor W. Adorno

28 falatório a respeito de segredos cósmicos e // meditação. Assim, o próprio gesto da astrologia, sua pressuposição básica de que todos têm de tomar decisões a todo momento, alinha-se com aquilo que, posteriormente, aparecerá associado ao conteúdo específico do aconselhamento astrológico: sua inclinação à extroversão. Além do mais, a ideia de que a liberdade do indivíduo resulta em agir da melhor maneira possível, com base no que uma determinada constelação permite, implica a ideia de ajustamento, com a qual a astrologia está alinhada, conforme foi apontado anteriormente. De acordo com esse conceito, a liberdade consiste em que o indivíduo tome voluntariamente como seu aquilo que, de qualquer maneira, é inevitável. Desse modo, a casca vazia da liberdade é zelosamente preservada. Se o indivíduo age de acordo com dada conjuntura, tudo dará certo; se não, tudo dará errado. Algumas vezes, afirma-se com toda franqueza que o indivíduo deveria ajustar-se a determinadas constelações. Talvez se pudesse dizer que, na astrologia, há uma metafísica implícita de ajustamento por trás do conselho concreto de ajustamento na vida cotidiana. Assim, a filosofia expressa pelas especulações das revistas realmente nos oferece um pano de fundo para a compreensão das afirmativas práticas e pé-no-chão* da coluna do *Los Angeles Times*.

Pode-se reiterar que o clima cultural de semierudição oferece um solo fértil para a astrologia, porque, aqui, a ingenuidade primária, a aceitação irrefletida do existente, foi perdida,

---

* A expressão original é *"down-to-earth"*, que indica o tipo de abordagem prática e razoável a problemas do dia a dia. A mesma expressão figura no trocadilho que compõe o título original da presente obra (*The Stars Down to Earth*). [N.T.]

As estrelas descem à Terra

enquanto, ao mesmo tempo, nem o poder do pensamento, nem o conhecimento positivo, foram suficientemente desenvolvidos. O semierudito tem uma vontade vaga de entender, e também é levado pelo desejo narcísico de se mostrar superior às pessoas simples, mas não está em uma posição tal que lhe permita empreender operações intelectuais complicadas e distanciadas. Para ele, a astrologia – da mesma forma que outras crenças irracionais, como o racismo – oferece um atalho, reduzindo o que é complexo a uma fórmula prática, e oferecendo, simultaneamente, uma agradável gratificação: o indivíduo que se sente excluído dos privilégios educacionais pode, ainda assim, pertencer a uma minoria que está "por dentro". Em conformidade com esse tipo de gratificação, a atmosfera da revista é muito mais grandiloquente e presunçosa com respeito à sabedoria dos iniciados, // e predições bombásticas vão muito mais longe do que aquelas feitas na coluna do *Times*. Como era de esperar, há frequentes sugestões sinistras de que uma nova era está por vir, sinalizando uma grande catástrofe mundial e insinuando uma guerra entre os Estados Unidos e a Rússia em 1953, sem, entretanto, comprometer-se em definitivo a esse respeito.

De todo modo, a mesma cautela que marca a coluna do *Los Angeles Times* também é demonstrada, em certa medida, até mesmo nessas ignóbeis publicações. Assim, um artigo afirma, com uma franqueza surpreendente, que não há uniformidade no que diz respeito à interpretação básica dos sinais celestes entre os astrólogos, o que é provavelmente uma tentativa de repelir ataques baseados nas inconsistências entre as diversas previsões astrológicas. De fato, há contradições flagrantes a serem encontradas entre os diversos artigos presentes em um único número de uma mesma revista. Em um dos casos, o artigo de abertura escrito pelo editor desenvolve-se ao redor da ideia de uma catástrofe iminente e da predição de uma batalha terrível da qual a "maioria" americana sairia vencedora – uma noção que pode ter uma conotação racista, ao mesmo tempo em que permanece democrática. Mas o artigo imediatamente seguinte anuncia um ano novo repleto de felicidade, que aliviará inúmeras pessoas de suas preocupações e pressões. Obviamente, trata-se de uma tentativa de atender a diversas camadas de exigências dos leitores, desde as mais profundas, onde se anseia pelo espetáculo do crepúsculo dos deuses, até aquelas que estão no nível mais superficial, no qual as pessoas querem ser tranquilizadas com respeito ao seu aumento de salário. O discurso doutrinário da revista procura uma espécie de meio-caminho entre o realismo e a fantasia paranoica. Diversas vezes, embora sempre de forma mais ou menos vaga, a revista faz acusações contra minorias incômodas que nunca são claramente identificadas. Algumas das imagens empregadas lembram as utilizadas por agitadores fascistas e antissemitas de perfil pseudorreligioso. Assim, faz-se referência à batalha apocalíptica do Armagedon que desempenhou um grande papel nos discursos de um sacerdote radialista que causou muita agitação nos anos 30.* Não obstante, // o emprego pesado do dispositivo do "fim iminente" não é nada acidental. Ele encoraja os impulsos destrutivos daqueles a quem o texto se dirige, alimentando seu desconforto com a civilização e, ao mesmo tempo, excitando uma disposição belicosa.

---

* Provavelmente, trata-se de uma alusão ao padre Charles Edward Coughlin (1891-1979). [N.T.]

As estrelas descem à Terra

No todo, entretanto, o clima cultural americano parece exigir pelo menos um verniz de senso comum e de realismo. Isso faz que as revistas apresentem traços realmente inesperados, os quais tendem exatamente ao oposto das excentricidades assinaladas até agora. Parece que há mais em jogo além do senso comum e do realismo americanos. Nas revistas, convivem tendências completamente diferentes, mantidas separadas umas das outras com grande cuidado. Por um lado, há especulações astrológicas gerais envolvendo conjunções, oposições, casas etc., as quais são aplicadas à humanidade como um todo, ou pelo menos à nação americana propriamente dita. Por outro lado, há predições detalhadas a respeito do que vai acontecer em cada dia, com as pessoas nascidas sob cada um dos signos do zodíaco. A diferença principal entre a coluna do *Los Angeles Times* e as revistas astrológicas é que a coluna contém apenas estas últimas predições, bem como os horóscopos de crianças nascidas em um dia em particular, omitindo, entretanto, o material "especulativo" relativo à história mundial que aparece nas revistas. No entanto, quando as predições da coluna são comparadas às das revistas, aparece, além da diferença individual de estilo e a preferência dos escritores, uma notável semelhança.[6]

Edição de Inverno (1953) da *Forecast*
"Previsões diárias para o signo de Virgem", p.59.

SEGUNDA, 16 de fevereiro – Não tente dizer às pessoas o que você acha delas, nem faça críticas desfavoráveis. Seja sen-

---

6 A uniformidade do material, embora tenha certamente seus aspectos psicológicos, ou de cálculo psicológico, é provavelmente explicada basicamente pelo fato de que as revistas são publicadas por um número muito reduzido de agências centralizadas.

sato e entenda que, no dia de hoje, ficar calado será sinal de coragem. Concentre suas energias em uma tarefa que está há muito tempo esperando sua atenção.

31 // TERÇA, 17 de fevereiro – Parece que há muita tensão ao seu redor. Não coloque mais lenha na fogueira. Relaxe. Leia um bom livro ou faça algo para ocupar sua mente e suas mãos, de maneira construtiva. Vá dormir cedo.

QUARTA, 18 de fevereiro – Todo esforço construtivo, seja de natureza pessoal ou nos negócios, trará bons resultados e benefícios para você. Marque encontros, reuniões ou entrevistas.

QUINTA, 19 de fevereiro – Comece cedo, fazendo seu planejamento pessoal. Viaje, escreva, procure ajuda ou esclarecimentos; encontre-se com seu advogado, assessores ou mentores; médicos, enfermeiras; agentes; ou mecânicos, amigos ou professores.

SEXTA, 20 de fevereiro – Não tente fazer o impossível. Termine o trabalho rotineiro e espere um momento melhor para começar projetos novos ou importantes. De noite, reúna-se com algum amigo especial ou vá a um espetáculo.

SÁBADO, 21 de fevereiro – O dia pode ficar difícil se você não estiver disposto a cooperar e adaptar-se às atuais condições. Não seja crítico demais; demonstre senso de humor.

DOMINGO, 22 de fevereiro – Não hesite em fazer coisas que possam de alguma maneira ajudar outras pessoas. O trabalho ou o prazer compartilhados serão agradáveis e benéficos em muitos aspectos.

As estrelas descem à Terra

SEGUNDA, 23 de fevereiro – Você precisa manter cautela com todos ao seu redor, e ficar fora de disputas ou discussões que poderiam prejudicar sua imagem junto a pessoas importantes.

TERÇA, 24 de fevereiro – É um bom momento para refletir sobre suas finanças e procurar se informar sobre investimentos mais vantajosos. Resolva as coisas no escritório, estabeleça acordos, marque reuniões, faça ligações, visitas, ou escreva.

QUARTA, 25 de fevereiro – Se você espera progredir em alguma coisa hoje, será preciso fazer um esforço extra. Coloque em dia todo seu trabalho, tarefas domésticas e correspondência.

QUINTA, 26 de fevereiro – As primeiras horas do dia lhe oferecerão uma ótima chance para lidar com questões importantes ou começar coisas novas. De tarde, tenha cautela ao tratar de questões legais, correspondência estrangeira ou assuntos financeiros.

SEXTA, 27 de fevereiro – Não se deixe perturbar por novidades ou distúrbios ao seu redor. Limite seus esforços a atividades úteis relacionadas com a sua casa ou local de trabalho. Fique calmo, relaxado e esteja pronto para cooperar.

SÁBADO, 28 de fevereiro – Vá com calma! Não deixe que seu temperamento ou seus impulsos influenciem suas decisões. Você só tem a ganhar ignorando palavras que não lhe façam bem. Adote um ponto de vista construtivo.

Theodor W. Adorno

32   // "Previsões Astrológicas" de Carroll Righter
Coluna de sábado, 31 de janeiro de 1953

ÁRIES: Cuide da sua aparência pela manhã. Depois, chame seus colegas de trabalho e faça planos para tornar as atividades cotidianas mais eficientes e harmoniosas no futuro.

TOURO: Dê atenção aos deveres domésticos logo cedo. Em seguida, cuide de sua aparência: lance mão de tratamentos de beleza, cortes de cabelo ou dieta. Durante a tarde, divirta-se, alegre-se.

GÊMEOS: Durante a manhã, faça todos os contatos pendentes e cuide da correspondência e dos negócios. Mais tarde, una esforços com as pessoas ao seu redor e, por meio da cooperação, trabalhe as questões familiares e de propriedade.

CÂNCER: No início do dia, faça um balanço financeiro e, depois, saia para cuidar de alguma eventual questão burocrática. Converse com pessoas que possam entender suas necessidades. Procure ajuda.

LEÃO: De manhã, liste as coisas que você deseja e examine sua situação financeira. Mais tarde, pense em maneiras novas e criativas de aumentar sua renda para lidar com os novos gastos. Busque a abundância.

VIRGEM: No início do dia, trate de assuntos comuns com uma pessoa em quem você confia e faça planos com ela. Deixe claro para si mesmo qual será sua parte nesses planos. Visite amigos que possam ajudá-lo.

As estrelas descem à Terra

LIBRA: Um bom amigo lhe indicará o caminho para alcançar o que você deseja: mostre seu agradecimento seguindo suas sugestões. Empenhe-se bastante, mas sem chamar atenção: valorize a discrição.

ESCORPIÃO: Descubra, ainda pela manhã, o que uma pessoa importante espera de você. Entre em contato com um amigo e peça ajuda. Abra-se para a cooperação e terá sucesso.

SAGITÁRIO: Uma intuição que você terá pela manhã pode se transformar em realidade se você buscar uma pessoa poderosa para ajudá-lo. Durante o dia, aja com muita atenção.

CAPRICÓRNIO: No início do dia, trace planos para aumentar sua renda. Depois, faça contatos com especialistas cujo conhecimento poderá ajudá-lo a alcançar o sucesso.

AQUÁRIO: Resolva assuntos pendentes com um oponente na parte da manhã e reúna-se com um companheiro de negócios. Em seguida, trace um plano específico de trabalho conjunto e todos ficarão satisfeitos.

PEIXES: Faça tudo que tem que fazer logo após o café da manhã e deixe o resto do dia livre para se divertir com pessoas próximas. Não arrisque. Discuta pontos de seu interesse.

33 // As previsões pessoais nos dois tipos de publicação têm como traço comum seu caráter "prático" e a ausência quase total de qualquer referência às especulações maiores e mais solenes a respeito do destino da humanidade como um todo. É como se a esfera do indivíduo estivesse completamente separada daquela do "mundo" ou do cosmos. O *slogan* "os negócios de sempre" é aceito como um tipo de máxima metafísica.

O caráter obviamente absurdo de se oferecer conselhos banais para pessoas que são, ao mesmo tempo, alimentadas com imagens radiantes de conflitos universais exige uma interpretação dessa dicotomia. Deve-se fazer menção à teoria de Ernst Simmel de que delírios tais como o antissemitismo totalitário estão dentro do indivíduo de forma "isolada" e ao mesmo tempo coletiva, evitando, assim, que o indivíduo se torne realmente psicótico. Essa estrutura é refletida pela dicotomia que está em discussão aqui. É como se a astrologia tivesse que oferecer gratificações para impulsos agressivos no nível do imaginário, embora não tenha permissão para interferir de forma patente demais com o funcionamento "normal" do indivíduo na realidade. Em vez de prejudicar o teste de realidade por parte do indivíduo, ela ao menos tenta, superficialmente, reforçar essa capacidade.

A esse respeito, insinua-se certa similaridade com a função do sonho. Conforme é geralmente sabido desde Freud, o sonho exerce a função de protetor do sono, realizando desejos conscientes e inconscientes que a vida em vigília é incapaz de gratificar por meio de imagens alucinatórias. O conteúdo do sonho, em sua função, foi muitas vezes aproximado ao delírio psicótico. É como se o ego protegesse a si mesmo do assalto do material instintual pela transformação deste último em sonhos. O resultado é relativamente inócuo, pois geralmente está confinado à esfera ideacional. Apenas em casos isolados, tais como no sonambulismo, aquele material alcança algum controle sobre o aparelho motor. Assim, pode-se dizer não

As estrelas descem à Terra

apenas que os sonhos protegem o sono, mas também o estado de vigília, uma vez que a "psicose noturna do normal" previne o indivíduo contra o comportamento psicótico em sua lida com a realidade. A astrologia oferece uma analogia a essa separação entre a irracionalidade do sonho e a racionalidade do estado de vigília, e a similaridade // pode ser caracterizada não tanto pelo delírio, mas pela função de manter o indivíduo "normal" – independentemente do que isso signifique – por meio da canalização e, em certo sentido, da neutralização de alguns impulsos mais ameaçadores do id. Entretanto, a analogia precisa ser qualificada em diversas direções. Para o indivíduo, a crença astrológica não é uma expressão espontânea de sua vida mental, não é "algo seu" da mesma forma que o conteúdo do sonho, mas sim algo que ele encontra pronto, uma irracionalidade cuidadosamente preparada e pré-digerida. Nessa medida, o termo "fábrica de sonhos" aplicado aos filmes aplica-se também à astrologia. É precisamente esse caráter pré-digerido da astrologia que produz sua aparência de normalidade e sua aceitação social, e tende a diluir a fronteira entre o racional e o irracional que é geralmente bem demarcada quando se trata do sonho e da vigília. De forma muito semelhante à indústria cultural, a astrologia tende a eliminar a distinção entre fato e ficção: seu conteúdo é muitas vezes exageradamente realista, ao mesmo tempo que sugere atitudes baseadas em fontes inteiramente irracionais, como o conselho de se evitar fechar negócios em determinado dia. Embora a astrologia não tenha uma aparência tão extravagante quanto aquela dos sonhos ou delírios, é justamente essa razoabilidade fictícia que permite aos impulsos delirantes abrirem caminho para a vida real sem se chocar abertamente com os controles do ego. A irracionalidade é encoberta muito cuidadosamente. A maior parte do material bruto que é mobilizado, bem como o aconselhamento propriamente dito oferecido pelas fontes astrológicas, é extremamente realista e prático – demasiadamente, até –, mas sua síntese, a lei de acordo com a qual as atitudes razoáveis são aplicadas para "situações realistas", é arbitrária e inteiramente opaca. Esta pode ser uma descrição adequada da configuração do racional e do irracional na astrologia, configuração esta que é, de fato, nosso objeto de estudo. A confusão desses elementos também pode definir o perigo potencial representado pela astrologia como fenômeno de massa.

Permanece sujeito a controvérsia se as pessoas que seguem a astrologia demonstram, // conforme assumia Simmel, uma predisposição psicótica – se os "caráteres psicóticos" sentem-se especialmente atraídos por ela. Trata-se de uma hipótese que pode ser aplicável ao elemento psicótico de pessoas normais, sem exigir qualquer suscetibilidade psicótica especial, tal como a assim chamada fraqueza do ego. Na verdade, no que tange ao funcionamento na realidade, muitos aficionados por astrologia parecem desfrutar de um ego bastante forte. A falta de conteúdo evidentemente delirante na astrologia, bem como o apoio coletivo de que ela é alvo, faz que seja comparativamente mais fácil para um indivíduo "normal" abraçar essa crença apócrifa. Também se deve observar que diversos discípulos da astrologia a aceitam com um tipo de reserva mental, certa jocosidade que tolerantemente reconhece sua irracionalidade básica e sua própria aberração. Ainda assim, o fato de que as pessoas "escolhem" a astrologia – uma crença que não lhes é apresentada com a mesma naturalidade encontrada na religião por aqueles que têm uma formação tradicional, mas

As estrelas descem à Terra

que exige certa iniciativa por parte do adepto – indica, de certa forma, uma falta de integração intelectual, talvez oriunda tanto da opacidade do mundo social de hoje, que exige atalhos intelectuais, quanto da expansão de uma pseudoerudição. O caráter "alienado" de "coisa pronta" da astrologia, entretanto, não deve nos levar à simplificação exagerada de que ela é completamente alheia ao ego. Como dispositivo psicológico adotado pelo indivíduo, a astrologia, em certos aspectos, lembra os sintomas do neurótico fóbico que aparentemente canaliza, focaliza e absorve sua ansiedade flutuante em termos de objetos da realidade. Entretanto, no que diz respeito às fobias, não importa quão rigidamente estruturadas, essa canalização é necessariamente impermanente e flutuante. A fobia emprega objetos existentes para as próprias necessidades do indivíduo. Já o objeto real da astrologia comercial é especificamente concebido e construído de modo a satisfazer aquelas necessidades psicológicas que os astrólogos supõem que estão presentes em seu público. Em ambos os casos, o ganho psicológico é extremamente questionável, uma vez que tende a esconder as circunstâncias reais e a obstruir o verdadeiro reconhecimento e correção. O interesse de um indivíduo pela astrologia, como o sintoma fóbico, pode absorver todos os demais objetos da angústia, tornando-se, em última instância, um interesse obsessivo do indivíduo ou grupo afligido.

// A psicologia subjacente

Em contraste com o que se passa nas revistas, um colunista como Carroll Righter está diante de um público de contornos muito vagos, ainda que presumivelmente maior, com interesses e preocupações divergentes, que é atraído pela coluna e frequentemente busca algum aconselhamento. Esse aconselhamento precisa ser de um tipo que possa proporcionar ao leitor uma sensação de ajuda e conforto, dado que não se pode esperar um auxílio efetivo por parte do colunista. Ele não conhece as pessoas com as quais está falando, e tampouco a natureza específica dos desejos e queixas de qualquer uma delas;[7] entretanto, sua posição de autoridade abriga-o ao discurso de alguém que dispõe desse conhecimento, e a quem as constelações estelares revelam respostas satisfatórias, suficientes e inequívocas. Ele não pode demonstrar distanciamento ou falta de comprometimento, pois arriscaria desapontar seus leitores, mas tampouco pode comprometer, com afirmativas evidentemente falsas, a autoridade mágica que lhe dá valor de venda. Essas demandas contraditórias precisam ser equilibradas: o que ele diz deve soar como se ele tivesse conhecimento concreto de que problemas incomodam cada um de seus supostos seguidores nascidos sob determinado signo e em determinada hora; ao mesmo tempo, ele tem de permanecer reservado o suficiente para não ser facilmente desacreditado.

Ao mesmo tempo que é compelido a arriscar, ele tenta reduzir ao mínimo o perigo de fracassar. Isso explica a utilização de alguns estereótipos de estilo bastante rígidos. Por exemplo, ele frequentemente aplica expressões do tipo "siga aquela intuição", ou "utilize aquela perspicácia especial". A palavra

---

7 De certa forma, ele está em uma posição similar àquela do demagogo político que tem de fazer promessas para todo mundo e precisa descobrir o que provavelmente preocupa a maior parte do público ao qual se dirige.

As estrelas descem à Terra

"aquela" parece querer indicar que o colunista, com base na inspiração astrológica, sabe exatamente como é o indivíduo que lerá a coluna, ou como ele está em um determinado momento. Ao mesmo tempo, as referências aparentemente específicas são sempre gerais o bastante para poderem ser adequadas sem exceção: todo mundo, algum dia, tem um palpite ou sensação do tipo indicado, ou pode, retrospectivamente, sentir-se orgulhoso de si mesmo por já tê-lo tido, e todo mundo, especialmente o semierudito, aceita de muito bom grado // ser caracterizado como proprietário de uma perspicácia especial. Assim, o paradoxo da coluna é resolvido pelo expediente da pseudoindividualização.[8]

Mas truques desse tipo não resolvem, sozinhos, a dificuldade fundamental do colunista. Ele geralmente tem de confiar em seu conhecimento dos problemas mais frequentemente recorrentes, conforme prescritos pela configuração da vida moderna e dos padrões de caráter que já teve diversas oportunidades de observar. Ele concebe uma série de situações típicas nas quais uma grande porcentagem de seus seguidores deve se encontrar em um momento qualquer. Então, precisa concentrar-se em dar a aparência de ter desvendado aqueles problemas que o leitor não pode resolver sozinho, obrigando-o a buscar auxílio externo, sem deixar de contemplar questões que são difíceis de resolver racionalmente e exigem uma fonte de

---

8 "Com a expressão pseudoindividualização, queremos indicar o gesto de dotar a produção cultural em massa de uma aura de livre escolha ou de mercado aberto, com base em sua padronização". ADORNO, T. W. "On Popular Music", *Studies in Philosophy and Social Science*, 9 (1941), p.25.

Theodor W. Adorno

ajuda irracional, pois, presumivelmente, são precisamente situações desse tipo que fazem que as pessoas procurem a coluna. Isso conduz, logicamente, ao fato de que os conselhos do astrólogo refletem diversas situações mais ou menos insolúveis de nosso tempo, impasses que ameaçam todos os indivíduos e estimulam suas esperanças de que alguma interferência efetivamente caia do céu. Mesmo dentro da estrutura geral dos problemas comuns e difundidos, entretanto, uma dimensão expressiva precisa ser mantida, de modo que mesmo predições e palpites irrealistas ainda sejam passíveis de reconciliação com a situação de vida do leitor, e não se prestem a ser facilmente descartados. Para tanto, o astrólogo lança mão de um artifício que é bem conhecido tanto entre psiquiatras sérios como entre psicólogos populares. As pessoas que têm alguma afinidade com o ocultismo geralmente estão preparadas para reagir à informação que esperam receber, de tal modo a encaixá-la a qualquer custo em seu próprio sistema. Assim, o colunista pode até se expor, sem nenhum risco, a elaborar afirmativas em um nível factual, contanto que tenha determinado adequadamente aqueles dentre os desejos e necessidades de seus leitores que são fortes o suficiente para não ser abalados por um confronto com a realidade, conquanto tal // confronto ocorra apenas em um nível puramente intelectual, e não sujeite os leitores a consequências desagradáveis em sua vida prática. De fato, o colunista toma muito cuidado para evitar essa situação, generosamente distribuindo gratificações no reino do imaginário.

De modo a realizar com sucesso todas essas tarefas complexas, o colunista precisa ser aquilo que, na gíria americana, se chama de *"homespun philosopher"*, ou filósofo caseiro. Talvez seja esse requisito que resulte na marcante similaridade entre a coluna e suas contrapartes psicológicas. Nessa psicologia popular, moldada primariamente em termos de apelo de massa, o conhecimento do fenômeno como tal, não obstante, é muitas vezes pertinente, e as descrições, adequadas. Mas sua interpretação dinâmica ou está completamente ausente ou então é falsa: na maior parte das vezes, trata-se de uma psicologia do ego pré-freudiana, encoberta por aquilo que Theodor Reik chamou de "psicanalês"[9] de assistente social. Essa atitude dos escritos psicológicos populares não se deve meramente à falta de erudição. Uma vez que o colunista não seria capaz de causar qualquer mudança psicodinâmica naqueles a quem está se dirigindo, mesmo que estivesse equipado com um conhecimento completo de Freud, ele tem de limitar sua atuação às zonas externas da personalidade. O que realmente distingue a psicologia real de instituições de sabedoria "mundanas", como a coluna, não são tanto as observações e, possivelmente, nem mesmo as interpretações subjacentes do colunista, mas a direção na qual ele se move e manipula a psicologia do seu leitor. Ele reforça continuamente as defesas, em lugar de destruí-las. Ele joga com o inconsciente, em vez de tentar sua elucidação mais além de uma fraseologia superficial.

O que ele mais promove é o *narcisismo* como uma das defesas mais fortes e mais facilmente abordadas. Muitas vezes, as referências às qualidades superiores e à sorte dos leitores são

---

9 REIK, Theodor. *Listening with the Third Ear: The Inner Experience of a Psychoanalyst.* New York: Farrar, Straus and Company, 1948, p.458-63. Reik aplica o termo ao jargão dos semiprofissionais, mas desde então seu emprego difundiu-se.

tão tolas que é difícil imaginar que alguém seja capaz de engoli-las, mas o colunista está ciente do fato de que a vaidade é alimentada por fontes instintivas tão poderosas que aquele que a alimenta pode se safar com qualquer coisa.

39 // Paralelamente às gratificações narcísicas visadas pela coluna, corre uma sugestão mais ou menos velada de *angústia*. A ideia de que o leitor está de alguma forma ameaçado precisa ser mantida, pois ele só precisa buscar ajuda se estiver presente algum pequeno elemento aterrador – algo parecido com o que ocorre na propaganda de remédios contra o odor corporal. A ameaça e o alívio estão interligados de forma análoga ao que se passa em diversos tipos de desordens mentais. O tipo de psicologia popular de que a coluna depende considera em geral líquido e certo que a maioria das pessoas se sente ameaçada, seja na realidade, seja psicologicamente, e que a coluna só é capaz de atingi-las se conseguir estabelecer uma relação com o leitor na zona da ameaça. Ainda assim, a ameaça precisa sempre ser branda, de forma a não chocar o leitor, que acabaria desistindo de ler uma coluna que o fizesse sentir um desconforto direto. Assim, uma das ameaças realistas mais difundidas, o risco da demissão, aparece apenas de forma diluída, isto é, na forma de conflitos com superiores, reprimendas, e outras situações desagradáveis. O termo "demissão" não é utilizado nem uma única vez.

Uma ameaça favorita, entretanto, é a dos acidentes de trânsito. Também aqui é possível visualizar como diversas facetas da abordagem estão misturadas: o perigo de acidentes de trânsito está sempre presente na congestionada região de Los Angeles. Entretanto, esse perigo é apontado pela coluna como se algum conhecimento profético específico estivesse por trás

As estrelas descem à Terra

dele, uma pretensão que não pode ser facilmente refutada, devido ao caráter ubíquo da própria ameaça. Ao mesmo tempo, o perigo de um acidente de carro não fere o narcisismo dos leitores, dada a completa externalização da ameaça. Ela não tem implicações humilhantes, a opinião pública não estigmatiza como criminosas as pessoas que cometem erros de direção. Finalmente, a referência a essa ameaça exibe um dos traços mais proeminentes da coluna: predições supostamente irracionais e mágicas acabam traduzidas sob a forma do conselho para se agir de forma razoável. As estrelas são evocadas de modo a reforçar a admoestação inofensiva, benéfica, mas trivial: "Dirija com cuidado!".

Apenas muito raramente aparecem exemplos de ameaças mais sinistras, tais como a de que, em um determinado dia, é necessário tomar muito cuidado com tudo para evitar sérios riscos.

Livre-se de um conhecido mal-intencionado e novos recursos ficarão disponíveis para você.
(19 de novembro de 1952, Escorpião)

40   // Em momentos como esse, estala o chicote autoritário, mas isso é feito apenas como uma lembrança aos leitores de que eles devem se manter submissos. Essa prática nunca é levada tão longe que distraia seriamente o leitor das gratificações que ele pode obter da coluna, ou faça que ele se sinta desconfortável por muito tempo. Afinal, livrar-se de um conhecido não é um grande sacrifício nem uma tarefa muito pesada.

Além do potencial de gratificações profundas de ânsias destrutivas, proporcionado pela ameaça em si, os ganhos que o leitor pode obter nessa área em particular incluem a promessa

Theodor W. Adorno

de ajuda e mitigação a serem concedidas por uma instância sobre-humana. Enquanto se exige do sujeito que siga de perto as recomendações dessa instância, ele não tem realmente de agir em seu próprio benefício como ser humano autônomo, mas pode se contentar em confiar no destino. No lugar de fazer algo, o que importa é evitar uma série de coisas. O leitor é, de certa forma, aliviado de sua responsabilidade.

Isso aponta para o *constructo* mais importante da coluna – aquele dos leitores que são ou se sentem basicamente *dependentes*, que pensam que estão incessantemente em situações com as quais não podem lidar com seus próprios poderes, e que são psicologicamente marcados por algo que ficou conhecido como fraqueza do ego, mas que muitas vezes expressa uma fraqueza real. O colunista imagina, com razão, que só as pessoas com essa característica tenderão a confiar nele sem questionamento, e, assim, calcula cada palavra de modo a se adequar às necessidades específicas do dependente, inclusive às defesas narcísicas que o ajuda a compensar por seu sentimento de fraqueza. Isso também harmoniza com aquele tipo de psicologia popular cujo termo favorito é "complexo de inferioridade". O colunista está muito bem familiarizado com certas formas de reação que provavelmente serão encontradas em seus leitores; para não modificá-las, ele evita cuidadosamente elucidá-las, mas as utiliza de modo a prender o leitor à "mensagem" e, assim, à coluna como instituição. Por meio do emprego sistemático desse procedimento, ele tende a difundir o padrão de dependência e a transformar cada vez mais pessoas em dependentes com as quais estabelece algo que poderia ser adequadamente chamado de situação de transferência secundária.

As estrelas descem à Terra

41 // O problema da relação de certos traços neuróticos com a realidade, aqui implicado, envolve questões metodológicas graves que só poderão ser mencionadas. Alguns revisionistas, tais como Fromm e, particularmente, Horney, trataram a questão de forma excessivamente simplificada, reduzindo traços neuróticos como o que está sendo discutido aqui – a dependência – a realidades sociais como "nossa moderna sociedade competitiva". Uma vez que os padrões caracterológicos tendem a ser estabelecidos muito antes da época em que a criança terá a experiência específica de um sistema social diferenciado, a etiologia postulada por esses autores parece duvidosa, e recai em uma psicologia racionalista pré-freudiana. Ao mesmo tempo, entretanto, a separação completa entre a psicodinâmica e seu "palco social" é igualmente questionável. É suficiente dizer, aqui, que síndromes neuróticas e suscetibilidades irracionais de todo tipo estão presentes em uma grande quantidade de indivíduos, a qualquer momento, mas que algumas delas são trabalhadas especificamente durante certos períodos, e que os meios de comunicação de massa modernos tendem particularmente a fortalecer as formações reativas e as defesas concomitantes à dependência social propriamente dita. A ligação entre os elementos compulsivos da coluna e a ideia subjacente de dependência do sujeito pode muito bem ser que os sistemas compulsivos são empregados como defesas contra a dependência "realista" sem jamais envolver qualquer comportamento que possa alterar a situação básica da dependência.

Deve-se observar que o padrão ameaça–ajuda da coluna está relacionado de forma muito estreita a dispositivos bastante difundidos pela cultura de massa contemporânea. Herta Herzog apontou, em seu estudo "Sobre a experiência empres-

Theodor W. Adorno

tada",[10] que os seriados diurnos ou novelas para mulheres geralmente seguem a fórmula "envolver-se em problemas e sair deles", um dispositivo que, a propósito, também parece ser válido para o jazz, que constantemente trata de entrar e sair de algum tipo de "aperto".* Essa fórmula é igualmente aplicável à coluna astrológica. Se, por um lado, há indicações contínuas de conflito e desprazer, também se supõe que quem está ciente dessas situações será de alguma forma salvo delas.

42 // Um tom confortador permeia toda a coluna: ela parece assegurar o leitor incessantemente de que "tudo ficará bem", superando suas apreensões pelo estabelecimento de uma confiança mágica em que as coisas vão mudar para melhor.

...mantenha seus objetivos lá no alto e tenha clareza do que você deseja. Assim, tudo sairá bem.

(21 de novembro, Peixes)

O resto do dia será esplêndido em todos os sentidos.

(6 de dezembro, Leão)

...mas você tem de se dar conta de que, na parte da tarde, toda a tensão será dissolvida em uma sensação de felicidade.

(31 de dezembro, Áries)

---

10 HERZOG, Herta. "On Borrowed Experience: An Analysis of Listening to Daytime Sketches", *Studies in Philosophy and Social Science*, 9 (1941), p.65-91.

* O termo em inglês é "jam", o qual designa, ao mesmo tempo, uma espécie de problema ou apuro e uma sequência musical improvisada. [N.T.]

As estrelas descem à Terra

Dentro desse padrão geral do final feliz, entretanto, há uma diferença específica de função entre a coluna e outros produtos de comunicação de massa. As novelas e os programas de auditório e, sobretudo, os filmes são caracterizados por heróis, pessoas capazes de resolver seus problemas, seja de forma positiva ou negativa, e que funcionam como substitutas do espectador. Identificando-se com o herói, ele acredita participar no poder que lhe é negado, enquanto se concebe como alguém fraco e dependente. A coluna, por sua vez, também trabalha com identificações, mas sua organização é diferente. Não há figuras heroicas, apenas sugestões gerais de indivíduos carismáticos – por exemplo, as misteriosas pessoas poderosas e criativas que ocasionalmente aparecem do nada e prestam ao leitor uma ajuda inestimável. Em geral, todos são tomados por aquilo que são. É verdade que, conforme será demonstrado mais tarde, o status social do leitor é aumentado precariamente pela coluna, mas seus problemas não estão escondidos atrás de uma imagem de firmeza ou irresistibilidade – a este respeito, a coluna parece mais realista que os meios de comunicação de massa supostamente artísticos.

Para a coluna, o herói é substituído seja pelos signos planetários ou, o que é mais provável, pelo próprio colunista onisciente. Uma vez que se faz referência ao curso das coisas como algo preestabelecido, as pessoas não são expostas à sensação, ainda presente no culto ao herói, de que pela identificação com ele elas podem também se tornar heroicas. Seus problemas serão resolvidos ou automaticamente, ou com auxílio dos outros, particularmente daqueles amigos misteriosos cuja imagem é recorrente // na coluna – contanto que se mantenha a confiança nas estrelas. O poder impessoal, assim, substitui o poder

Theodor W. Adorno

personalizado dos heróis e é transferido para superiores mais poderosos. É como se a coluna tentasse compensar o elemento irrealista da referência dogmática às estrelas por intermédio de sua identificação com a situação de dependência real e psicológica do leitor. A coluna cede à expressão simbólica e à fortificação psicológica da pressão constantemente exercida sobre as pessoas, que, de qualquer forma, devem simplesmente confiar no que existe. O destino, ao mesmo tempo que é exaltado como um poder metafísico, na verdade denota uma interdependência de forças sociais anônimas por meio das quais os leitores da coluna vão "acabar se virando" de alguma forma. A semi-irracionalidade da expressão "tudo vai ficar bem" deriva do fato de que a sociedade americana moderna, a despeito de todos os seus conflitos e dificuldades, tem sucesso na reprodução da vida daqueles que abraça. Há uma tênue consciência de que o conceito do "excluído" tornou-se obsoleto. A coluna se vale dessa consciência ensinando aos seus leitores que não é necessário ter medo de sua própria fraqueza. Por mais que se sintam incapazes de resolver seus problemas, eles serão resolvidos. É explicado aos leitores – e, de certa forma, corretamente – que as forças que os ameaçam, manifestações da totalidade anônima do processo social, são as mesmas que, de alguma forma, atuarão em seu favor. É inculcada uma identificação abstrata com o existente, em vez de com pessoas heroicas, e um reconhecimento, por parte do indivíduo comum, de sua própria impotência. O que compensa tudo isso é a possibilidade de seguir vivendo sem se preocupar muito. É claro que para que isso se cumpra é necessário comportar-se como um "bom moço" (ou moça), de acordo com os padrões aceitos e que, ao mesmo tempo, por razões terapêuticas, o indivíduo também precisa permitir-se a

As estrelas descem à Terra

quantidade de prazer suficiente para impedir seu colapso frente às exigências da realidade, ou sob o impacto de seus próprios desejos.

É desnecessário dizer que tal remédio é, em última instância, tão problemático quanto aquele oferecido pelos filmes, embora não seja tão obviamente falso. A vida não toma conta das pessoas automaticamente. Mas ela o faz até certo // ponto, e, além dele, a insegurança e as ameaças tornam as pessoas suscetíveis a promessas infundadas. Essas promessas não apenas desempenham um papel na vida psicológica do indivíduo, mas também cumprem a função de uma ideologia conservadora, geralmente justificando o *status quo*. Uma ordem de existência que expressa a promessa de cuidar de todo mundo deve ser substancialmente boa. Assim, a coluna promove a conformidade social em um sentido mais profundo e mais abrangente do que o de meramente sugerir um comportamento conformista a cada caso individual. Ela cria uma atmosfera de contentamento social.

Isso explica a surpreendente peculiaridade do aconselhamento individual prestado pela coluna. Ele implica que todos os problemas devidos a circunstâncias objetivas, tais como, sobretudo, dificuldades econômicas, podem ser resolvidos em termos de comportamento privado individual ou de um *insight* psicológico, particularmente sobre si mesmo, mas também sobre os outros.

Isso aponta para uma função que a psicologia popular vem assumindo hoje em dia em escala cada vez maior. Se a psicologia, por um lado, quando realizada de fato, é uma forma de *insight* sobre si mesmo, crítica de si mesmo e, concomitantemente, *insight* e crítica sobre os outros, ela também pode, por

Theodor W. Adorno

outro lado, desempenhar o papel de uma droga social. Particularmente, as dificuldades objetivas que sem dúvida sempre têm seus aspectos subjetivos e estão parcialmente enraizadas nos sujeitos são apresentadas como se fossem, entretanto, absolutamente imputáveis ao indivíduo.[11] Com isso, qualquer atitude crítica é minorada, mesmo em relação a si mesmo, uma vez que ao indivíduo é proporcionada a gratificação narcísica de que ele é de fato absolutamente importante, ao mesmo tempo em que é mantido sob controle: o mundo em que ele vive não parece tão mau assim, e os problemas – conforme é levado a entender – surgem apenas no interior do seu comportamento e de sua ação. Descobrir a maneira certa de abordar a si mesmo é visto como uma condição suficiente para aliviar todas as dificuldades, compensando parcialmente a sensação de fraqueza da qual a própria abordagem se origina. A fórmula consolatória "tudo depende do homem" não é apenas uma meia-verdade, // mas realmente serve para obscurecer tudo que se materializa acima da cabeça das pessoas.

A coluna contém todos os elementos da realidade e sempre retrata, de alguma forma, o estado corrente de coisas, oferecendo, entretanto, um quadro distorcido. Por um lado, as forças objetivas além do alcance da psicologia individual e do comportamento individual são eximidas de crítica por causa da dignidade metafísica que lhes é imputada. Por outro lado, não é preciso ter medo delas, desse que se sigam as con-

---

11 Observações semelhantes foram apresentadas no artigo "Psychiatric Theory and Institutional Context", apresentado pelo dr. Alfred H. Stanton no 109º Encontro Anual da Associação Psiquiátrica Americana (Los Angeles, 7 de maio de 1953).

As estrelas descem à Terra

figurações objetivas por meio de um processo de adaptação. Assim, o perigo parece estar exclusivamente dentro da esfera de poder do indivíduo impotente, a cujo superego se apela continuamente.

Não se deixe levar pelo impulso de se queixar a respeito de alguém que o atender mal. Mantenha-se calmo a despeito da irritação. Se você conseguir manter um ânimo mais cooperativo, será recompensado com benefícios materiais. (10 de novembro, Áries)

Ficar de mau humor por causa de um comentário negativo feito por um executivo influente só vai piorar as coisas para o seu lado... (10 de novembro, Escorpião)

Afaste-se daquela preocupação que parece não ter solução... (10 de novembro, Sagitário)

Sua própria irritação pelas manhãs e falta de visão é que vão tornar o início do seu dia insatisfatório. (11 de novembro, Libra)

O apelo constante da coluna para que o leitor encontre defeitos em si mesmo, e não nas condições dadas, uma modificação sutil, porém altamente objetável de um elemento da moderna psicologia profunda, é apenas um aspecto do ideal de conformidade social promovido pela coluna e expresso pela regra implícita, porém ubíqua, de que é necessário ajustar-se continuamente ao comando dos astros. Enquanto os problemas pessoais abordados pela coluna apontam, ainda que de forma fraca e diluída, para dimensões da vida nas quais as coisas não vão bem, e nas quais o otimismo oficial promulgado pela coluna encontra algumas dificuldades, a descrição desses problemas e, particularmente, o aconselhamento subsequente cumprem a função de restabelecer a ordem estabelecida, de reforçar a conformidade e manter tudo estritamente dentro dos limites do existente. Nossa afirmativa de que a irracionalidade dos ditames absolutos do destino e das estrelas que oferecem conselhos é realmente apenas um véu para a sociedade que, ao mesmo tempo ameaça o indivíduo e fornece // seu meio de vida, é sustentada pelas mensagens derivadas da fonte irracional. Elas não são, de fato, nada além de mensagens oriundas do *status quo* social, conforme concebido pela coluna. *A regra máxima da coluna é fazer cumprir as exigências que a sociedade coloca a cada indivíduo de modo que ela possa "funcionar".* Quanto mais irracionais as exigências, mais elas pedem justificativas irracionais. Os problemas que surgem das condições e dos antagonismos sociais são reconciliados pela coluna lançando-se mão da convencionalidade social, e a ameaça e o auxílio convergem nesse mesmo objetivo. A coluna consiste em uma bateria incessante de apelos ao leitor para que ele seja "razoável". Se o "irrazoável", ou seja, os impulsos instintuais, sequer são admitidos, isso só ocorre em nome da razoabilidade, ou seja, de modo a fazer que o indivíduo funcione melhor de acordo com as regras da conformidade.

Foi observado na discussão das revistas astrológicas que sua irracionalidade básica nunca leva a nenhuma renúncia da forma normal e racional do comportamento cotidiano. Essa atitude, que nas revistas às vezes complementa fantasias extravagantes, é o domínio exclusivo da coluna, que investe numa atitude de senso comum inquestionada, enfatiza valores aceitos e considera inquestionável que este é "um mundo compe-

As estrelas descem à Terra

titivo" – independentemente do que isso signifique hoje –, e que a única coisa que realmente conta é o sucesso. Tudo que se aproxima do irresponsável é evitado; nenhuma conotação excêntrica é tolerada. Aqui, novamente, a coluna está em sintonia com a indústria cultural como um todo. A referência costumeira à "fábrica de sonhos", hoje empregada pelos próprios representantes da indústria cinematográfica, contém apenas uma meia-verdade – ela diz respeito apenas ao "conteúdo sonhado" superficial. Entretanto, a mensagem ou "ideia latente do sonho" promovida pelos filmes e pela televisão reverte àquela dos sonhos de verdade. Trata-se de um apelo a agências de controle psicológico, em vez de uma tentativa de libertar o inconsciente. // As estrelas parecem concordar completamente com o modo de vida estabelecido e com os hábitos e instituições circunscritos por nossa época. O adágio "seja você mesmo" assume um significado irônico. Os estímulos socialmente manipulados almejam a reprodução daquele modo de pensar que é espontaneamente engendrado pelo próprio *status quo*. Essa atitude que, do ponto de vista meramente racionalista, pareceria uma "perda de tempo", está, na verdade, em harmonia com as descobertas psicológicas. Freud afirmou repetidas vezes, e de modo enfático, que a efetividade das defesas psicológicas é sempre precária. Se, por um lado, a satisfação dos impulsos instintuais é negada ou postergada, tais impulsos são raramente mantidos sob controle seguro, mas estão, na maior parte do tempo, prontos para vir à tona se encontrarem uma chance. Essa prontidão ao reaparecimento é aumentada pela natureza problemática da racionalidade, que recomenda o adiamento da satisfação imediata dos desejos em nome de gratificações posteriores

Theodor W. Adorno

permanentes e completas. O que se ensina é a renúncia aos prazeres imediatos em nome de um futuro que, na maior parte das vezes, não serve de compensação para os prazeres renunciados. Assim, a racionalidade nem sempre parece tão racional quanto afirma ser. Daí o interesse em se reforçar indefinidamente ideias que já estão presentes como condicionamentos na cabeça das pessoas, mas nas quais elas nunca conseguem acreditar inteiramente. Daí, também, a prontidão a aceitar propostas de tratamento irracional, em um mundo no qual já não se tem mais fé nem na efetividade da própria razão, nem na racionalidade do todo.

Imagem do leitor

Uma análise da coluna por um período mais longo permite a compreensão da imagem que o colunista faz do seu leitor, a qual constitui a base das técnicas por ele empregadas. A regra geral é que essa imagem deve ser principalmente lisonjeira, oferecendo gratificações antes mesmo de o aconselhamento propriamente dito ser oferecido. Ao mesmo tempo, entretanto, ela deve ser de uma natureza tal que o leitor possa, com facilidade, enxergar a si mesmo e às suas preocupações triviais nessa imagem que lhe é constantemente apresentada.

Não estão disponíveis estatísticas norte-americanas organizadas por sexo a respeito da distribuição dos fãs // da astrologia, mas parece razoável supor que a maior parte desse grupo é composta por mulheres, ou pelo menos que as mulheres estão nele representadas de forma igualitária. O colunista muito provavelmente está ciente disso. Entretanto, estranhamente, a imagem implícita do leitor, embora raramente bem

As estrelas descem à Terra

articulada, é predominantemente masculina. O leitor é representado como um profissional que tem autoridade e tem de tomar decisões; uma pessoa prática, com uma disposição mental técnica, capaz de consertar coisas. E o mais característico é o fato de que, quando a esfera erótica entra em questão, o leitor tem de perceber uma "companhia atraente". Como psicólogo popular, o colunista parece estar mais ciente que muitos escritores supostamente sérios a respeito da situação de inferioridade da mulher na sociedade moderna, a despeito de sua suposta emancipação, sua participação na vida profissional e o glamour atribuído a algumas delas. Ele parece saber que as mulheres normalmente sentem-se lisonjeadas se forem tratadas como homens, contanto que a esfera específica da sua feminilidade e de seus atributos convencionais não esteja envolvida, o que, de fato, não acontece na coluna. Sugere-se a cada dona de casa que ela poderia ser alguém VIP. Possivelmente, o colunista até se utiliza de algum conhecimento sobre a inveja do pênis[12] ao falar com um público feminino, como se estivesse se dirigindo a homens.

Um fator adicional pode contribuir para a caracterização masculina do leitor. Uma vez que a coluna está continuamente proporcionando aconselhamento, e pretende que as pessoas ajam e tomem uma atitude predominantemente "prática", torna-se necessário falar como se os leitores fossem aqueles que realmente agem e tomam decisões: os homens. Quanto mais dependentes as mulheres realmente são em um nível mais pro-

---

12 FREUD, Sigmund. "Einige psychische Folgen des anatomischen Geschlechtsunterschieds", *Gesammelte Werke*, v.14: *Werke aus den Jahren 1925-1931* (London: Imago Publishing Co., 1948), p.24ss. ["Algumas

fundo, mais importante pode ser, para elas, que sejam tratadas como se fossem aquelas de quem tudo depende, embora, na verdade, ser alvo de tal tratamento por parte da coluna contribua para aumentar sua dependência.

49 // A imagem padrão é aquela de uma pessoa jovem, por volta dos trinta anos, vigorosamente engajada em seus projetos profissionais, entusiasta de prazeres que devem ser de alguma forma controlados, e inclinada ao romance – uma gratificação sutil para leitores presumivelmente frustrados que tendem a se identificar com a imagem proposta pela coluna conforme tenham nascido sob o signo astrológico mencionado, transferindo para si mesmos as qualidades da imagem.

O leitor projetado pela coluna pertence a alguma igreja, embora não seja feita nenhuma referência a qual delas, ou a algum dogma específico. Mas supõe-se como certo que o leitor frequenta alguma espécie de culto aos domingos, como toda pessoa "normal", e um tom solene e semirreligioso é usualmente empregado nos feriados.

A imagem da religião é inteiramente convencional. As atividades religiosas estão restritas às horas vagas, e o leitor é encorajado a frequentar "bons sermões", como se se tratasse de escolher um programa de TV.

Dia propenso a entretenimentos acessíveis, esportes, lazer, romance. Vá à igreja e viva a religião.
(14 de dezembro de 1952, Câncer)

---

consequências psíquicas das diferenças anatômicas entre os sexos", 1925, v.XIX]; Idem, *Gesammelte Werke*, v.15: *Neue Folge der Vorlesungen zur Einführung in die Psychoanalyse* (London: Imago Publishing Co., 1940), p.134ss. [*Novas conferências introdutórias à psicanálise*, 1933, v.XXII].

As estrelas descem à Terra

Você não aguenta mais as tarefas rotineiras. Esqueça-se delas. Vá à igreja, onde você encontrará inspirações religiosas melhores que poderão ajudá-lo a suportar seus diversos compromissos.
(28 de dezembro de 1952, Capricórnio)

Muitas vezes, faz-se referência ao leitor como dono de um carro. Embora isso pareça suficientemente realista, dado o número enorme de proprietários de veículos na grande Los Angeles, até mesmo aqui algum tipo de mimo pode estar envolvido, uma vez que se pode esperar que haja um bom número de leitores da coluna que não possuem carros, mas que gostam da ideia de serem tratados como se os possuíssem. Também é importante notar que não se faz nenhuma referência ao nível educacional do leitor. Sempre que suas qualidades são mencionadas, elas ou são completamente separadas do que poderia ser realmente aprendido, dando-se ênfase apenas a "dons" tais como o charme, o "magnetismo" etc., ou são atribuídas vagamente à herança e tradição familiares. Mas não faz nenhuma diferença se o leitor fez faculdade, parou no ensino médio ou apenas foi alfabetizado. Isso pode indicar que a imagem real que o colunista faz do leitor pode diferir significativamente daquela que ele promove. Se, por um lado, ele evidencia a ideia de que o // leitor é uma pessoa superior, por outro, tem muito cuidado para não criar uma imagem de superioridade suficientemente definida para distanciar o leitor, tornando-o ciente do fato de que não se encaixa nessa imagem.

Seguramente, o traço mais importante do leitor é sua condição socioeconômica. A imagem apresentada nessa área pode ser designada, com um pouco de exagero, de "vice-pre-

Theodor W. Adorno

sidente". A pessoa a quem a coluna se dirige é tratada como se ocupasse um posto superior na vida, o qual, conforme mencionado acima, força-a a tomar decisões continuamente. Muitas coisas dependem dela, de sua habilidade de escolher e decidir. Palavras que poderiam representar o leitor como uma pessoa impotente ou pouco importante são cuidadosamente evitadas. Poder-se-ia pensar nas técnicas bem conhecidas de revistas como a *Fortune*, que são escritas para dar a impressão de que cada um de seus numerosos leitores ocupa algum alto cargo em alguma grande corporação. É óbvio o forte apelo exercido pela transferência do ideal americano do homem de negócios bem-sucedido para aqueles que não são tão bem--sucedidos assim, e as gratificações substitutivas assim proporcionadas. Entretanto – e é por isso que a coluna dirige-se a vice-presidentes, e não a presidentes –, a situação real nunca é perdida de vista. Enquanto a ilusão de importância e autonomia é superficialmente mantida intacta, o fato de que os bens e o *status* tão desejados não são desfrutados pelo leitor está sempre presente. Ele é, portanto, apresentado como alguém que, embora ocupe um posto muito alto na hierarquia dos negócios, depende essencialmente de outras pessoas que ocupam postos ainda mais altos. Uma vez que essa pode até ser a situação real de alguns vice-presidentes, o sentimento de humilhação é, ao mesmo tempo, atenuado. É possível proferir um aconselhamento adequado a um subordinado sem revelar que ele é um subordinado, embora, em um nível mais profundo, ele possa ser levado a entender o quão pequeno é o seu poder real. O ideal de ego do leitor e sua experiência realista do lugar que realmente ocupa na vida são, de certa maneira, fundidos. Ao mesmo tempo, faz-se eco à forma hierárquica de

As estrelas descem à Terra

pensamento muitas vezes encontrada entre as pessoas compulsivas de classe média baixa.[13]

51 // O tratamento do leitor como um elo importante na hierarquia mostra um dos construtos psicológicos básicos sugeridos pela configuração da coluna. Enquanto o leitor é projetado de forma provavelmente bastante realista como uma pessoa basicamente fraca e dependente, tanto no que diz respeito à sua função na sociedade como às suas características psicológicas, sua tendência é não admitir sua fraqueza e sua dependência. Essa defesa é tão levada em consideração quanto as próprias necessidades de dependência. Assim, fortalece-se a imagem reativa formada por indivíduos dependentes. O elemento principal aqui é a hiperatividade. O aconselhamento constantemente recomenda alguma realização, o comportamento de alguém que persegue o que quer. Assim, enfatiza-se não tanto o poder do ego real do leitor, mas sim sua identificação intelectual com algum ideal de ego sociabilizado. Ele é levado a interpretar suas ações como se fosse alguém forte, e como se sua atividade fosse realmente significativa. A falsidade dessa concepção é indicada pela ilegitimidade da maioria das atividades encorajadas pela coluna. A "pseudoatividade",[14]

---

13 FREUD, Sigmund. "Zwangshandlungen und Religionsübungen", *Gesammelte Werke*, v.7: *Werke aus den Jahren 1906-1909* (London: Imago
51 // Publishing Co., 1941), p.129-39. ["Atos obsessivos e práticas religiosas", 1907, v.IX]. Idem, "Über libidinöse Typen", *Gesammelte Werke*, v.14, p.511 ["Tipos libidinais", 1931, v.XXI].

14 FROMM, Erich. "Zum Gefühl der Ohnmacht" ["O sentimento de impotência"], *Zeitschrift für Sozialforschung*, 6 (1937) p.95-118; ADORNO, T. W. "On Popular Music", *Studies in Philosophy and Social Science*, 9 (1941), p.17-48.

esse padrão comportamental muito difundido em nossa sociedade, é representado bastante claramente pela coluna e pelos cálculos psicológicos nos quais ela está baseada.

Entretanto, seria uma redução tomar a imagem psicológica do leitor inteiramente em termos de categorias tais como a dependência e a fraqueza do ego, ou da fixação infantil específica envolvida – a oralidade.[15] O colunista não está de forma alguma comprometido com essas categorias que, particularmente no que diz respeito à fraqueza do ego, seriam inadequadas até mesmo para um psicólogo popular. As ideias subjacentes à psicologia dos leitores tomam formas muito mais variadas. A coluna começa com a suposição generalizada de que seus leitores são pessoas regressivas, e todas as dimensões principais da regressão // realmente envolvidas na maioria dos defeitos de intelecto e personalidade recebem alguma forma de atenção. Para entender como isso funciona é necessário distinguir entre a imagem do leitor projetada pela coluna e a avaliação subjacente real que o colunista faz do leitor. O colunista cria o leitor à imagem do alto executivo preocupado, mas lida com um leitor real de classe média baixa. Em toda a literatura psicanalítica, mesmo em sua popularização atual, é reconhecida a afinidade entre a mentalidade de classe média baixa e certas fixações infantis. Mesmo um psicólogo popular dos dias de hoje já ouviu dizer que a pequena-burguesia tende ao caráter anal.[16] Se, por

---

15 Cf. FREUD, Sigmund. "Neue Folge der Vorlesungen zur Einführung in die Psychoanalyse: Angst und Triebleben", *Gesammelte Werke*, v.15, p.105-6 ["Novas conferências introdutórias à psicanálise. Conferência XXXII: Angústia e Vida Pulsional", 1933, v.XXII].

16 Cf. Ibidem, p.108; Idem, "Charakter und Analerotik", *Gesammelte Werke*, v.7, p.203-9 ["Caráter e erotismo anal", 1908, v.IX].

As estrelas descem à Terra

um lado, a coluna negligencia diversas implicações da analidade, tais como o sadismo e a mesquinhez (características incompatíveis com o ideal de ego sintético que ela promove), por outro lado, o padrão mais geral da analidade (e uma das personalidades retrógradas mais difundidas) é enfatizado enormemente: a compulsão.

Trata-se de algo intrínseco ao padrão astrológico como um todo: o leitor crê que precisa obedecer a ordens sistematizadas, ainda que não haja evidência de nenhuma interconexão entre o sistema e ele mesmo. Na astrologia, como na neurose compulsiva, é necessário aderir muito estritamente a alguma regra, comando ou recomendação sem jamais ser capaz de dizer por quê. É exatamente essa "cegueira" obediente que parece estar misturada com o poder esmagador e assustador do comando. As estrelas, conforme vistas pela astrologia, formam um sistema intrincado de coisas que devem e não devem ser feitas, sistema esse que parece ser a projeção do próprio sistema compulsivo.

Assim como o aconselhamento proveniente das estrelas aumenta a dependência autoritária irracional e a submissão, as referências a leis inescrutáveis e inexoráveis às quais é necessário de alguma forma adequar-se por meio de um rígido comportamento reforçam o potencial compulsivo no leitor. Frequentes recomendações por parte da coluna, atribuindo centralidade ao cumprimento meticulosamente estrito dos requisitos e tarefas que, na verdade, não têm sentido, ou possuem muito pouca influência sobre a realidade, encorajam diretamente o // comportamento compulsivo. Há inúmeras passagens semelhantes às seguintes:

Na parte da tarde, jogue mais charme ao seu redor. Isso lhe trará a paz que tanto deseja.

(11 de novembro, 1952, Sagitário)

Este é o dia certo para aqueles tratamentos estéticos, cortes de cabelo e todo o resto que podem aumentar seu charme pessoal e sua sensação de bem-estar.

(13 de novembro, 1952, Libra)

Na parte da tarde, resolva questões de limpeza, lavanderia, roupas, móveis e dieta.

(21 de novembro, 1952, Virgem)

Esta é uma das maiores demonstrações do fato de que o *insight* psicológico do colunista não é utilizado de modo a realmente desenvolver o *insight* psicológico do leitor, mas, sim, no sentido contrário: para manter suas defesas e fixá-lo em comportamentos irracionais, tornando-o mais obediente ao colunista, que é o porta-voz autoproclamado das normas sociais. A ideia subjacente de um comportamento compulsivo (se esta ou aquela tarefa desagradável for cumprida, o leitor será liberado dos sentimentos de culpa, alcançando alguma espécie de compensação) é diretamente refletida pela lógica da coluna. Deve-se enfatizar, entretanto, que, como no caso da dependência, não está ausente certo elemento de realismo. Assim como se explora a suscetibilidade do leitor à dependência psicológica por intermédio de seu *status* realmente dependente na sociedade, os traços compulsivos trabalhados pela coluna são frequentemente os esperados daqueles que têm inclinação a crer nas revelações da coluna. Superestimar a importância de

As estrelas descem à Terra

cumprir tarefas mecânicas pode ser um sintoma da neurose compulsiva, mas o indivíduo que não tem espaço para atividades "criativas" ou espontâneas, e do qual se espera que funcione como uma engrenagem na máquina burocrática, precisa, para realizar suas tarefas, de nada menos que uma estrita atenção — e nada mais do que isso, também. De fato, se tentasse realizar mais do que isso, acabaria sendo enquadrado como "puxa-saco", ou como alguém com ideias grandes demais na cabeça: um mal-ajustado ao seu trabalho que estaria arriscando uma demissão. Considerações realistas desse tipo são completamente misturadas, no interior da coluna, ao conhecimento psicológico.

De qualquer maneira, o "realismo" do leitor, ao qual a coluna dá uma atenção tão meticulosa, nunca é inteiramente realista. // A ênfase exagerada no realismo do conteúdo da coluna também é calculada de modo a fazer que o leitor esqueça a irracionalidade do sistema como um todo, a respeito do qual não se deve pensar muito, ao passo que a quase ausência de qualquer alusão às fontes do aconselhamento veiculado espelha a séria repressão que sempre funciona sobre os instintos do compulsivo. Em nenhuma outra situação é tão difícil distinguir os termos da relação entre o realismo e sua contraparte como na compulsão.

A abordagem bifásica

Foi mencionado anteriormente que a coluna visa promover atitudes convencionais, conformismo e contentamento, e que qualquer discernimento a respeito dos aspectos negativos da realidade são mantidos sob controle fazendo que tudo

Theodor W. Adorno

dependa do indivíduo, e não das condições objetivas. Promete-se ao indivíduo a solução para tudo, contanto que ele atenda a certos requisitos e evite certos estereótipos negativos. Evita-se que ele realmente se dê conta das próprias dificuldades que o trouxeram para os braços da astrologia. Mas a coluna está muito ciente da seriedade tanto dos problemas da realidade como dos psicológicos, para confiar inteiramente na eficácia de sua própria ideologia. Ela precisa encarar pessoas que continuamente descobrem, a partir da experiência cotidiana, que nem tudo vai tão bem quanto a coluna parece implicar, e que as coisas não se resolvem sozinhas – pessoas constantemente perturbadas por exigências irreconciliáveis e contraditórias da economia psíquica e da realidade social. Assim, a coluna constrói seu leitor como alguém "frustrado". Não é suficiente, para a coluna, simplesmente negar a existência de tais exigências e conformar-se à frustração; de alguma forma, a coluna precisa abordar essas contradições, de modo a realmente atar os leitores à sua própria autoridade. Ela desempenha essa tarefa – que necessariamente não pode ser resolvida pela mera promulgação de uma "ideologia" positiva, e tampouco por outros conteúdos que pudessem ser facilmente refutados pelos fatos cotidianos – de maneira especialmente engenhosa // por meio de sua configuração formal, de modo a fortificar no leitor um equilíbrio de outro modo precário entre exigências contraditórias.

O dispositivo formal básico empregado aqui – e, provavelmente, o truque mais eficaz da coluna como um todo – é derivado do seu meio principal, o elemento *tempo*. A astrologia finge basicamente que as estrelas determinam o que vai acontecer – ou, para colocar em termos mais contemporâneos, o que é acon-

As estrelas descem à Terra

selhável ou desaconselhável fazer em um determinado dia ou hora. Assim, com frequência, certo sentimento genérico é mantido por um dia inteiro, supostamente devido às constelações básicas desse dia, afetando a todos os leitores, independentemente de seus signos. Seguem-se as "Previsões Astrológicas" publicadas na segunda-feira, 20 de novembro de 1952:

ÁRIES (21 de março a 19 de abril): A manhã trará problemas que o farão testar seu autocontrole e as ideias empregadas em suas tarefas cotidianas. De tarde, sua mente resolverá essas questões e encontrará novos caminhos de crescimento. Excelente expansão.

TOURO (20 de abril a 20 de maio): Na parte da manhã, você terá uma boa chance para pensar profundamente sobre maneiras inesperadas de progredir. De tarde, um encontro dinâmico com a esfera pública lhe dará uma chance de aumentar seus ganhos. Demonstre simpatia oferecendo sugestões.

GÊMEOS (21 de maio a 21 de junho): De manhã, você terá a chance de solucionar tranquilamente os desafios apresentados pelo seu modo de vida. Procure uma pessoa compreensiva para conversar. De tarde, o ambiente estará propício ao avanço em direção a novos objetivos que o esperam em todas as direções.

CÂNCER (22 de junho a 21 de julho): No início da manhã, um sentimento de bem-estar fará você começar bem este dia interessante. Esqueça a monotonia aproveitando boas companhias. De tarde, reúna-se com amigos ou parceiros para se divertir, namorar ou praticar esportes.

Theodor W. Adorno

VIRGEM (22 de agosto a 22 de setembro): Ouça cuidadosamente sugestões de amigos para melhorar as coisas em casa, com sua família. De tarde, organize a agenda para utilizar sabiamente a auspiciosa semana vindoura.

LIBRA (23 de setembro a 22 de outubro): Abafe desavenças em família e com outras pessoas importantes de sua vida. De manhã, escute o que elas têm a dizer, ajudando-as a liberar a tensão. De tarde, junte-se com vizinhos, parentes e amigos próximos. Solte seu charme.

ESCORPIÃO (23 de outubro a 21 de novembro): De manhã, você terá a chance de planejar uma forma de viver seus ideais no dia a dia. De tarde, a intensa atividade doméstica lhe sugerirá planos para melhorar a segurança financeira.

// SAGITÁRIO (22 de novembro a 21 de dezembro): Realize suas tarefas de rotina até o fim, evitando assumir compromissos dispendiosos. Assim, sua manhã lhe trará paz e contentamento. De tarde, use a energia mental revigorada para progredir em todas as direções.

CAPRICÓRNIO (22 de dezembro a 20 de janeiro): De manhã, não se deixe perturbar pelos problemas de um conhecido. Isso será uma enorme ajuda para todos ao seu redor. De tarde, muita tranquilidade para lidar com interesses práticos. Planeje a próxima semana.

AQUÁRIO (21 de janeiro a 19 de fevereiro): De manhã, evite aquelas tarefas de rotina que fazem que você tenha vontade de explodir. Entre em contato com os amigos e aproveite boas companhias. De tarde, use toda sua vitalidade para desenvolver um novo plano para alcançar seus objetivos.

PEIXES (20 de fevereiro a 20 de março): A manhã será ótima para buscar bons amigos e entes queridos, e fazer planos para se divertir depois. De tarde, é melhor combinar em segredo uma maneira de expor seus talentos a alguém capaz de o ajudar.

Em primeiro lugar, é estabelecida uma supremacia do tempo, mas isso não é suficiente, ainda, para lidar com a questão das exigências conflitantes. Contudo, também essa tarefa importantíssima será atribuída ao tempo, que vem desempenhar o papel de tomador final de decisões.

O problema de como lidar com as exigências contraditórias da vida é resolvido pelo dispositivo simples de se distribuir tais exigências ao longo de diferentes períodos, quase sempre no mesmo dia. O fato de que não é possível encorajar dois desejos contraditórios ao mesmo tempo — ou que, como se diz, não é possível guardar um bolo e ao mesmo tempo comê-lo — leva à recomendação de que atividades irreconciliáveis simplesmente devem ser realizadas em momentos distintos indicados pelas configurações celestes. Também esse procedimento é alimentado por exigências realistas: a ordem do cotidiano toma conta de diversas antinomias da existência, tais como aquela entre o trabalho e o prazer, ou entre as funções públicas e a existência privada. Tais antinomias são abordadas pela coluna, hipostasiadas, e tratadas como se fossem simples dicotomias da ordem natural das coisas, em vez de padrões sociologicamente condicionados. O argumento implícito, assim, é de que tudo pode ser resolvido, contanto que se

Theodor W. Adorno

escolha o momento certo, e ocasionais fracassos devem ser meramente atribuídos à falta de compreensão de algum suposto ritmo cósmico. Assim, alcança-se de fato um tipo de equilíbrio e satisfação que seria impossível se as contradições fossem encaradas como tais, ou seja, como demandas simultâneas e igualmente potentes, feitas por agências psicológicas ou externas diversas. Todas elas são substituídas // pelo conceito de tempo, mais abstrato, porém menos ofensivo e menos carregado de afeto. Assim, a manhã, correspondente à maior parte do dia de trabalho, é frequentemente tratada como representação da realidade e do princípio do ego: aconselha-se aos leitores que sejam particularmente razoáveis na parte da manhã.

Problemas com impostos e questões financeiras pendentes são facilmente resolvidos na parte da manhã...
(Sábado, 15 de novembro de 1952, Touro)

Aborde diretamente suas obrigações, tarefas e restrições logo no início do dia. É a maneira correta de resolvê-los de forma simples e eficaz.
(16 de novembro de 1952, Sagitário)

Pode parecer que nada dá certo na parte da manhã, mas continue sorrindo em meio ao trabalho árduo. Planeje novos métodos inteligentes com tranquilidade.
(2 de dezembro de 1952, Leão)

A manhã lhe trará uma grande chance de se livrar de suas preocupações com funcionários, executivos, carreira ou crédito.
(15 de dezembro de 1952, Touro)

As estrelas descem à Terra

De manhã, aparecerão muitas pequenas tarefas que devem ser resolvidas o mais cedo possível, deixando o resto do dia livre para o lazer.
(1º de janeiro de 1952, Virgem)

No início do dia, o desejo de se divertir pode gerar um buraco na sua conta bancária. Seja econômico.
(2 de janeiro, 1953, Áries)

Na parte da manhã, seus desejos entrarão em conflito com aqueles de um membro da família. Não discuta. Coopere para prevenir um ressentimento duradouro.
(2 de janeiro, 1953, Touro)

Reciprocamente, a parte da tarde, que geralmente inclui pelo menos um pouco de tempo livre, é tratada como se fosse representante dos impulsos instintuais do princípio de prazer:[17] aconselha-se frequentemente às pessoas que busquem prazer, particularmente os "prazeres simples da vida", a saber, as gratificações oferecidas por outros meios de comunicação de massa durante a tarde ou à noite.

De tarde, você encontrará prazeres por todo lado. Aproveite. Relaxe.
(16 de novembro de 1952, Virgem)

---

17 Cf. FREUD, Sigmund. *Gesammelte Werke*, v.11: *Vorlesungen zur Einführung in die Psychoanalyse* (London: Imago Publishing Co., 1940), p.369ss. [*Conferências introdutórias à psicanálise*, 1916, v.XV]; Idem, "Jenseits des Lustprinzips", *Gesammelte Werke*, v.13: // *Jenseits des Lustprinzips; Massenpsychologie und Ich-Analyse; Das Ich und das Es* (London: Imago Publishing Co., 1940), p.3ss. ["Além do princípio do prazer", 1920, v.XVIII].

De tarde, abandone suas preocupações. Distraia-se, pratique esportes, namore.
(17 de novembro, Leão)

De manhã, encontre-se a sós com um membro da família para resolver uma preocupação pendente. Mais tarde, prevalecem influências excelentes para a diversão, o namoro e a recreação.
(19 de novembro de 1952, Virgem)

Na parte da tarde, pratique esportes, namore, divirta-se.
(21 de novembro de 1952, Libra)

Na parte da tarde, dedique-se ao lazer, à recreação e ao amor.
(23 de novembro de 1952, Leão)

58 // Por intermédio de dicotomias desse tipo, alcança-se uma pseudossolução para as dificuldades: relações excludentes são transformadas em relações de precedência. O prazer, assim, transforma-se na recompensa pelo trabalho, e o trabalho, expiação do prazer.

Embora esse esquema formal da coluna seja derivado de seu material e espelhe o esquema temporal ao qual a maior parte das pessoas está sujeita, ele está, por outro lado, inteligentemente afinado com disposições psicológicas frequentemente encontradas em personalidades pouco desenvolvidas. Mais uma vez, vem à mente o conceito semipopular de fraqueza do ego. Erich Fromm fez as seguintes observações em seu estudo "Zum Gefühl der Ohnmacht" ["O sentimento de impotência"], que citamos aqui em tradução livre:

> A fé no tempo deixa de lado o sentido da mudança abrupta, que é substituído por uma expectativa de que "com o tempo"

As estrelas descem à Terra

tudo vai ficar bem. Espera-se, assim, que os conflitos que o sujeito julga incapaz de resolver sejam resolvidos pelo tempo, sem que seja preciso arriscar uma decisão. Verifica-se que a fé no tempo está, com especial frequência, relacionada à percepção das conquistas pessoais. Por meio dela, as pessoas não apenas se consolam a respeito de pretensões não alcançadas, mas também por não terem se preparado para alcançar nada, persuadindo a si mesmas de que ainda têm muito tempo, e de que não há razão para pressa. Um exemplo desse mecanismo é o caso de um autor talentoso que queria escrever um livro que, em sua opinião, alcançaria um lugar entre os mais importantes da literatura mundial. Tudo que ele fazia era pensar sobre o livro, deixando-se levar por fantasias a respeito das repercussões sensacionais que seu livro geraria, e sempre dizendo a seus amigos que estava quase terminando. Assim, embora já tivesse "trabalhado" no livro por sete anos, ainda não tinha escrito uma única linha. À medida que vão ficando mais velhos, indivíduos deste tipo precisam agarrar-se cada vez com mais força à ilusão de que o tempo vai tomar conta das coisas. Muitos, quando alcançam certa idade – normalmente, no início dos quarenta –, ou conseguem tornar-se mais sóbrios, abandonando a ilusão e esforçando-se para utilizar os meios de que dispõem, ou então têm um colapso neurótico, porque a vida sem a ilusão consoladora do tempo como benfeitor torna-se intolerável.[18]

Deve-se somar à observação de Fromm que a tendência aí descrita parece derivar de uma atitude infantil possivelmente relacionada à fantasia da criança a respeito do que é que vai acontecer quando ela "crescer". O que, certas vezes, é uma experiência realista para as crianças // – que sabem que vão crescer, mas não dispõem de suas faculdades potenciais nem

---

18 FROMM, Erich. "Zum Gefühl der Ohnmacht" (in: *Zeitschrift für Sozialforschung*, 6 (1937) p.95-118 – NEA), p.103-4.

Theodor W. Adorno

possuem a autonomia para tomar suas próprias decisões – torna-se um traço neurótico quando é carregado para a vida adulta. Pessoas com um ego fraco ou objetivamente incapazes de moldar seu próprio destino demonstram certa prontidão a delegar sua responsabilidade ao fator abstrato do tempo, o qual as absolve de seus fracassos e favorece sua esperança, como se todas as suas mazelas pudessem ser aliviadas pelo simples fato de que as coisas se movem e, mais particularmente, de que todo sofrimento tende a ser esquecido – mesmo porque a capacidade de memória está, de fato, ligada a um ego fortemente desenvolvido. Essa disposição psicológica é fortalecida e utilizada pela coluna, que aumenta a confiança no tempo dando-lhe a conotação mística de ser uma expressão do veredicto das estrelas.

Além de tais observações, a interpretação dicotômica do tempo pode provavelmente ser entendida em termos da psicologia profunda. Pode-se obter uma interpretação válida nessa linha por meio do conceito de sintoma bifásico. Sintomas desse tipo são frequentes na neurose compulsiva. Fenichel descreve o mecanismo da seguinte maneira:

> Na formação reativa, toma-se uma atitude que contradiz a atitude original; na anulação (*undoing*), um passo a mais é dado. Faz-se algo positivo que, real ou magicamente, é o oposto de algo que, também realmente ou na imaginação, foi anteriormente feito.
>
> Este mecanismo pode ser mais claramente observado em certos sintomas compulsivos compostos por duas ações, sendo a segunda a inversão direta da primeira. Por exemplo, um paciente deve primeiro abrir o registro de gás para depois fechá-lo. Todos os sintomas que representam expiação pertencem a esta categoria,

As estrelas descem à Terra

pois é da natureza da expiação anular atos anteriores. A própria ideia de expiação nada mais é que a expressão dessa crença na possibilidade de uma anulação mágica.[19]

Esse mecanismo está relacionado à compulsão:

> Certos sintomas compulsivos constituem modalidades distorcidas da percepção de exigências instintuais; outros exprimem as ameaças anti-instintuais do superego; mas há ainda outros sintomas que, evidentemente, mostram a luta entre uma coisa e outra. Quase todos os sintomas de dúvida obsessiva podem // subordinar-se à fórmula: "Posso ser mau ou devo ser bom?". Por vezes, o sintoma consiste em duas fases, uma representando um impulso censurável, outra, a defesa contra o mesmo. O "homem dos ratos" de Freud, por exemplo, sentia-se forçado a remover uma pedra da estrada porque podia machucar alguém; depois, sentia-se obrigado a colocá-la novamente onde estava.[20]

O resultado da institucionalização obsessiva da expiação e da anulação chama-se

> comportamento bifásico: o paciente comporta-se ora como se fosse criança travessa, ora como disciplinador severo e primitivo.
> Por motivos obsessivos, certo paciente não conseguia escovar os dentes e, passado algum tempo, batia em si mesmo, ralhava consigo mesmo. Outro trazia sempre consigo uma agenda em que anotava o que tinha feito para indicar louvor ou censura.[21]

---

19 FENICHEL, Otto. *The Psychoanalytic Theory of Neurosis* (New York: W. W. Norton & Company, 1945), p.153-4. [*Teoria psicanalítica das neuroses*. São Paulo: Atheneu, 1981, p.142-3.]
20 Ibidem, p.270 [Ibidem, p.253].
21 Ibidem, p.291 [Ibidem, p.272.].

Defesas e padrões de comportamento desse tipo, embora, na verdade, neuróticos, são sistematizados e apresentados como normais e sadios ao longo da coluna. De fato, esse princípio de organização permeia a coluna a tal ponto que a maioria dos dispositivos específicos a serem analisados agora podem ser – e serão – apresentados dentro do esquema da abordagem bifásica.

Trabalho e prazer

Quando as crianças aprendem inglês na Alemanha, o primeiro poema que lhes é dado a conhecer é frequentemente o seguinte:

Work while you work, play while you play.
This is the way to be cheerful and gay. *

A ideia é que, mantendo-se estritamente separadas as esferas do trabalho e do prazer, ambos os tipos de atividade serão beneficiados: aberrações instintuais não interferirão com a seriedade do comportamento racional, e nenhum sinal sombrio de gravidade e responsabilidade maculará a diversão. Obviamente, esse dispositivo é, de alguma maneira, derivado da organização social que afeta o indivíduo à medida que sua vida // é dividida em duas seções: numa delas, ele funciona como um

---

* Uma tradução livre destes versos seria: "Trabalho é trabalho, diversão é diversão. / Faça assim, e terá satisfação". Vale lembrar que a presente obra foi escrita em inglês por Adorno, e originalmente apresentada ao público dos Estados Unidos. [N.T.]

As estrelas descem à Terra

produtor; na outra, como consumidor. É como se essa dicotomia básica do processo da vida econômica da sociedade fosse projetada sobre o indivíduo. Psicologicamente, as conotações compulsivas baseadas em uma visão puritana não podem ser negligenciadas, não apenas no que diz respeito ao padrão bifásico da vida como um todo, mas também a noções tais como a limpeza: nenhuma das duas esferas pode ser contaminada pela outra. Embora esse conselho possa oferecer vantagens em termos de racionalização econômica, seus méritos intrínsecos são de natureza dúbia. O trabalho que é completamente separado do elemento lúdico torna-se insípido e monótono, uma tendência que é consumada pela quantificação completa do trabalho industrial. O prazer, quando igualmente isolado do conteúdo "sério" da vida, torna-se bobo, sem sentido, reduz-se completamente ao "entretenimento" e, em última instância, é apenas um mero meio de reproduzir a capacidade de trabalho do indivíduo, enquanto a verdadeira substância de qualquer atividade não utilitária jaz na maneira como ela encara e sublima os problemas da realidade: *res severa verum gaudium.**

A separação completa entre trabalho e diversão como padrão de atitude da personalidade total pode ser adequadamente caracterizada como processo de desintegração, o qual é estranhamente concomitante à integração das operações utilitárias em nome das quais essa dicotomia foi introduzida.

A coluna não se preocupa com esses problemas, mas prende-se ao bem-estabelecido conselho de que "trabalho é trabalho,

---

* A verdadeira alegria é uma coisa séria. (Sêneca, *Epistulae morales*, 23, 4). [N.T.]

Theodor W. Adorno

lazer é lazer". Assim, ela se alinha com diversas fases da cultura de massas contemporânea, em que máximas do período inicial de desenvolvimento da sociedade de classe média são repetidas de forma congelada, embora sua base sociológica e tecnológica não exista mais.

O colunista está bastante ciente do caráter enfadonho da maioria das funções subalternas dentro de um ambiente hierárquico e burocrático, e da resistência apresentada por aqueles que têm de realizar tarefas que são, muitas vezes, completamente contrárias aos seus impulsos subjetivos, que poderiam ser desempenhadas por qualquer outra pessoa, e que foram reduzidas a funções mecânicas tão pequenas que se tornou impossível encará-las como dotadas de sentido. Os leitores são continuamente aconselhados // a se entregar a esse tipo de trabalho sob o pretexto de que esta é a maneira de aquiescer à ordem do dia.

Entretanto, existem algumas sutis e significativas modificações nessa ideologia, em comparação com a velha atitude do "trabalho é trabalho, lazer é lazer". O que se supõe que as pessoas façam durante a parte da manhã não é mais uma atividade autônoma moldada em função do empreendedor independente. Em vez disso, trata-se de se encorajar o desempenho de tarefas pequenas e insignificantes no interior do maquinário. Assim, a exortação ao trabalho e a não se deixar distrair por interferências instintuais tem frequentemente a forma de um conselho para encarar as "tarefas de rotina".*

---

* O termo original é *"chore"*, o qual possui dois sentidos não necessariamente relacionados; a coluna, entretanto, conforme Adorno enfatizará em seguida, aproveita-se justamente dessa relação. O primeiro

As estrelas descem à Terra

O início da manhã é terrível. Esqueça-se de tudo, mergulhando nas tarefas de rotina.
(21 de novembro de 1952, Leão)

Abstraia-se nas tarefas de rotina...
(19 de dezembro de 1952, Sagitário)

Limite-se às tarefas de rotina...
(27 de dezembro de 1952, Sagitário)

Na maioria das vezes, as tarefas de rotina devem ser realizadas de imediato, mas, ocasionalmente – e isso é característico da técnica de mosaico da coluna, a qual dá diversas configurações para as mesmas categorias básicas – aconselha-se que sejam adiadas para momentos mais propícios.

É desnecessário preocupar-se muito com as tarefas de rotina na manhã de hoje.
(10 de novembro de 1952, Touro)

O termo "tarefa de rotina" parece pedir a aceitação incondicional de pequenas tarefas, como se tal aceitação fosse uma lei superior, guiada não por uma intuição a respeito de sua necessidade intrínseca, mas pelo medo da punição. A coluna trabalha no sentido de superar a resistência ao trabalho rotineiro

---

sentido designa tarefas manuais rotineiras e domésticas, tais como as que devem ser diariamente realizadas na manutenção de uma fazenda, por exemplo. O segundo sentido designa um trabalho particular e necessariamente penoso, quase uma provação. [N.T.]

Theodor W. Adorno

sem sentido, jogando com a libidinização compulsiva que, muitas vezes, aumenta em proporção inversa à da importância das tarefas.

Essa tendência psicológica é mais explorada ainda quando a ideia de responsabilidades menores incide sobre a existência privada. Atividades como lavar o carro ou consertar algum eletrodoméstico, por inferiores que sejam, estão mais próximas da gama de interesses do sujeito do que a rotina profissional, pois dizem respeito a coisas que lhe pertencem ou que são percebidas como parte do âmbito do seu "ego", enquanto muitas vezes aquilo // que faz profissionalmente é visto, em última instância, como servindo apenas aos outros. Essa observação se funde com o conhecimento do colunista a respeito do papel enorme e indubitavelmente irracional dos aparelhos eletroeletrônicos hoje em dia na psicologia doméstica de grande número de indivíduos. Dispositivos que economizam trabalho, e se tornam primeiro necessários devido a condições objetivas, tais como a escassez de auxílio doméstico, são investidos com uma aura própria. Isso pode indicar uma fixação em uma fase das atividades adolescentes na qual os indivíduos tentam se adaptar à tecnologia moderna transformando-a em uma questão de interesse próprio. Pode-se mencionar, a esse respeito, que a psicodinâmica real dos eletrodomésticos ainda está amplamente inexplorada, e seu estudo seria oportuno para a compreensão das ligações emocionais entre a configuração objetiva das condições contemporâneas e os indivíduos que vivem sob essas condições. Parece que o tipo de regressão característica das pessoas que não se sentem mais como se fossem sujeitos capazes de determinar seu próprio destino é concomitante com uma atitude fetichista relativamente às mesmas condições

As estrelas descem à Terra

que tendem a desumanizá-las. Quanto mais elas são gradualmente transformadas em coisas, mais investem as coisas com uma aura humana. Ao mesmo tempo, a libidinização das bugigangas é indiretamente narcisista, na medida em que alimenta o controle da natureza pelo ego: esses aparelhos proporcionam ao sujeito lembranças de sentimentos primitivos de onipotência. Uma vez que esse tipo de catexia passa dos fins para os meios, que são então tratados como se fossem coisas em si mesmas, pode-se observar uma grande afinidade com o concretismo, a qual é traída, na coluna, por certas declarações bastante excêntricas do tipo "compre aparelhos eletroeletrônicos".

Leve alegria para a sua casa, comprando novas bugigangas interessantes.
(3 de dezembro de 1952, Aquário)

No que diz respeito ao *prazer*, de acordo com a abordagem bifásica, ele é principalmente restrito à parte da tarde e aos feriados, como se houvesse um entendimento *a priori* entre as revelações celestiais e o sistema de calendário atual. Para produzir algumas variações, e de modo a impedir que a monotonia bifásica se torne óbvia demais, há exceções para esta regra.

64 // Seria errôneo, entretanto, supor que a divisão bifásica entre o trabalho e o prazer coloca os dois elementos no mesmo plano. Uma vez que a própria abordagem – a "divisão" da vida em várias funções que supostamente são mais produtivas se forem mantidas separadas – é escolhida sob os auspícios da racionalização psicológica, mantém-se estritamente a prioridade do racional sobre a indulgência – ou, para colocar em termos mais diretos, do ego sobre o id. *Esse é um dos princípios maiores da*

Theodor W. Adorno

coluna, possivelmente o mais importante de todos: o de que o próprio prazer é permissível apenas quando serve, em última instância, a algum propósito ulterior de sucesso e autopromoção. A ênfase evidente nesse princípio tem uma dupla razão. Por um lado, a ideia prevalecente de se conformar ao que é esperado, bem como a pretensão de ajudar as pessoas a dominarem seus conflitos cotidianos que com frequência surgem de sua resistência ao trabalho de rotina, exige um fortalecimento da moral tradicional – possivelmente porque, atualmente, à medida que a tecnologia avança, o trabalho tedioso vai se tornando supérfluo e, assim, é cada vez mais ressentido enquanto perdura. A coluna tem de dar atenção a uma irracionalidade social específica que gradualmente se apresenta hoje em dia. Por outro lado, o colunista conhece os sentimentos de culpa frequentemente induzidos pelo prazer. Eles podem ser amenizados fazendo que o leitor entenda que alguns prazeres são permissíveis porquanto uma "liberação" esteja envolvida, ou seja – conforme a psicologia popular já aprendeu –, ele se tornaria uma pessoa neurótica se não se permitisse algumas gratificações e, sobretudo, porque há muitos prazeres que satisfazem imediata e diretamente algum propósito economicamente vantajoso. Uma vez que esse conceito de prazer submetido ao dever é contraditório em si mesmo, manifestam-se novas extravagâncias que lançam luz sobre a coluna como um todo.

Encontra-se, sobretudo, o conselho monotonamente reiterado: "seja feliz". (Ver, por exemplo, 27 de novembro de 1952, Escorpião; 28 de novembro de 1962, Sagitário; 15 de novembro de 1952, Sagitário; 16 de dezembro, Leão; 23 de dezembro, Sagitário.) Obviamente, esse conselho visa encorajar o leitor a superar o que, na psicologia popular, é conhecido como

As estrelas descem à Terra

"inibição". Entretanto, esse encorajamento se torna paradoxal
65 uma vez // que necessidades instintuais contrárias à regra dos
interesses racionais parecem ser comandadas por interesses
racionais. Mesmo aquilo que é espontâneo e involuntário é
transformando em uma parte da arbitrariedade e do controle.
É como uma paródia do dito freudiano de que aquilo que é
o id deveria tornar-se o ego: aquele é acionado, ou ordenado
pela consciência. O sujeito é forçado a se divertir de modo a
se ajustar ou, pelo menos, de modo a transmitir aos outros a
imagem de alguém ajustado, pois apenas as pessoas ajustadas
são aceitas como normais e podem ter sucesso. Deve-se lembrar, aqui, que experimentos psicológicos demonstraram uma
alta correlação entre simpatia subjetiva por rostos com expressão feliz e, inversamente, antipatia por pessoas com expressão
infeliz. Esse aspecto da externalização universal aproxima-se do
que Wolfenstein e Leites chamaram de "moralidade da diversão" (*fun morality*): "Você tem de se divertir (goste ou não)".[22]
Exigências instintuais são libertadas de seu aspecto ameaçador
porque são tratadas como deveres a serem cumpridos: o conceito psicanalítico de *Genußfähigkeit* (capacidade para o prazer)
já contém internamente essa conotação fatal. Ao mesmo tempo, entretanto, estende-se a censura. A própria sexualidade
é dessexualizada ao se tornar "divertida" – uma espécie de
higiene. Ela perde não apenas seu impacto ameaçador e estranho ao ego, mas também sua intensidade, seu "sabor". Essa
tendência, claramente exibida pela coluna, foi apontada por

---

22 WOLFENSTEIN, Martha; LEITES, Nathan. *Movies: A Psychological
Study* (Glencoe, Ill.: The Free Press, 1950), p.21.

Aldous Huxley em *Admirável mundo novo*, onde ele descreve orgias deterioradas em funções sociais, enquanto o adágio mais frequentemente empregado pelos habitantes de sua utopia negativa é *"hoje em dia, todo mundo é feliz"*.

A integração semitolerante do prazer em um padrão de vida rígido é alcançada pela promessa sempre recorrente de que viagens de férias, festas, passeios noturnos e eventos similares conduzem a vantagens práticas. Ao sair com colegas de trabalho, travam-se novos conhecimentos e são construídos novos "contatos" que podem ser úteis à carreira. As relações tornam-se mais próximas e, conforme implicado indiretamente, isso pode melhorar a posição profissional, tornando-a mais firme ou mais bem remunerada. Às vezes, há até insinuações de que, // deixando de lado o interesse romântico, é possível empregar de forma proveitosa para os negócios a intuição da mulher amada.

...divertir-se com um parceiro sério abre o caminho para uma associação de sucesso.
(19 de novembro de 1952, Câncer)

...saia com uma pessoa influente que você conheceu há pouco.
(24 de novembro de 1952, Virgem)

...uma colega apresentará e elogiará você para um amigo influente que poderá ajudá-lo a progredir.
(26 de novembro de 1952, Câncer)

Uma longa conversa com um funcionário ou amigo, especialmente em um acontecimento social ou evento esportivo, fará você pôr seus talentos à mostra. Por causa disso, uma grande ajuda lhe será dada.

(3 de janeiro de 1953, Gêmeos)

É seu dia de se divertir. Entre em contato com conhecidos bastante ativos, leve-os para lugares divertidos e discuta seus objetivos práticos nesses ambientes. O resultado será excelente.

(9 de janeiro de 1952, Câncer)

Em todos esses casos, a imagem da pessoa influente e que toma decisões é mais ou menos sutilmente substituída pela realidade do vendedor.

Pode-se suspeitar que o colunista e seus leitores saibam, no fundo, que os prazeres que lhes são ordenados não são mais prazeres, mas sim deveres racionalizados como tais, e que essa racionalização contém mais verdade do que o desejo supostamente inconsciente. Em outras palavras, cada vez mais as atividades do tempo livre, que oficialmente servem ao propósito da diversão ou do relaxamento, são capturadas pelo interesse racional e realizadas não mais porque alguém de fato gosta delas, mas porque são uma exigência para abrir caminhos ou manter o *status*. A coluna deixa entrever isso nitidamente em alguns momentos: o leitor é aconselhado a "aceitar qualquer convite" (cf. 17 de novembro de 1952, Libra; e também 27 de janeiro de 1953, Peixes), não importando, obviamente, se ele realmente gostaria de fazê-lo. A consumação dessa tendência é a participação obrigatória em "atividades de tempo livre" oficiais nos países totalitários.

Os próprios prazeres são divididos pela coluna em duas classes, os prazeres simples e os prazeres incomuns. É desne-

Theodor W. Adorno

cessário dizer que sempre há simpatia para com os simples, mas, às vezes, os incomuns também são encorajados, seja em nome da variedade e do "colorido", seja, possivelmente, como uma forma cautelosa de admitir entre os leitores desejos não ortodoxos ou, ao menos, mais dispendiosos. O que realmente 67 são esses prazeres incomuns jamais // é dito: é deixado a cargo do leitor decidir entre restaurantes estrangeiros ou variações sexuais.

Escolha divertimentos e locais incomuns.
(10 de novembro de 1952, Câncer)

Novamente, os prazeres simples são integrados no padrão predominante, uma vez que são caracterizados principalmente pelo fato de serem baratos. O leitor é constantemente lembrado de que, por mais que seja correto divertir-se um pouco e restaurar seu equilíbrio, nunca se deve permitir que isso interfira em seu planejamento financeiro. Mas os prazeres favoritos do colunista não são apenas simples, mas também "comprovados" (29 de janeiro de 1953, Áries e Gêmeos) e definidos como o rádio e a televisão (25 de janeiro de 1953, Escorpião). A gratificação parece tolerável se carrega o selo da confirmação social, se é canalizada pelos meios de comunicação de massa, ou, em outras palavras, quando é sujeitada a uma censura preconcebida antes mesmo de entrar na experiência do sujeito. Assim, mesmo naquele domínio em que se supõe um "abandono", promove-se o ajustamento. O próprio prazer, para ser admitido, precisa ser pré-digerido e, de alguma forma, castrado. Enquanto a coluna parece ser suficientemente tolerante para permitir ao leitor algumas "saídas", elas precisam ser essencialmente de natureza

As estrelas descem à Terra

espúria para obter a bênção do colunista. Mesmo quando o leitor está autorizado a afastar-se da rotina de sua vida, é preciso assegurar que tal insurreição acabe levando-o a alguma repetição da mesma rotina da qual ele quer fugir.

Ajustamento e individualidade

O núcleo da abordagem bifásica é a manutenção da divisão entre o trabalho e o prazer, sujeitando-se o último ao governo do primeiro. Entretanto, a compulsão bifásica parece expandir-se sobre muitas outras regiões, funcionando de forma análoga à disposição burocrática, que, conforme apontado por Max Weber, possui uma tendência expansiva intrínseca. Isso diz respeito particularmente ao problema do ajustamento, consequência da maneira como a coluna lida com o prazer. Uma vez que a relação entre o indivíduo // e o seu ambiente está em interação contínua com o conflito entre prazer e dever, o antagonismo entre o individual e o universal não pode ser reduzido a dinâmicas instintuais, mas também concerne à dimensão sociológica objetiva. O padrão típico de aconselhamento inclui a aplicação da abordagem bifásica tanto a essa dimensão como à dimensão psicológica. Às vezes, os leitores são encorajados a serem indivíduos fortes e vigorosos; outras, a ajustarem-se, a não serem teimosos, mas a ceder às exigências externas. As ideias liberais clássicas da atividade individual ilimitada, da liberdade e da firmeza são incompatíveis com a fase atual de desenvolvimento, na qual se exige do indivíduo cada vez mais uma obediência crescente às exigências organizacionais estritas feitas pela sociedade. Dificilmente pode-se esperar que a mesma pessoa seja inteiramente ajustada e fortemente

Theodor W. Adorno

individualista. Todavia, a ideologia individualista é mantida com tanto mais vigor quanto menos adequada ela se torna às condições reais. A coluna tem de lidar com os conflitos que resultam disso. O indivíduo é como que separado em componentes adaptativos e autônomos, de modo que, implicitamente, é afirmada a impossibilidade real da tão aclamada "integração". Entretanto, para que a perspectiva correta seja alcançada, a contradição subjacente não deve ser exageradamente simplificada. De fato, as duas exigências não se contradizem, mas são continuamente entrelaçadas. Assim, ainda hoje, o sucesso depende de qualidades individuais que, embora completamente diferentes das antigas, podem ser inequivocamente definidas apenas pela frequentemente enfatizada fraqueza do ego,[23] mas exige, ao mesmo tempo, uma força considerável: a capacidade de se sacrificar para manter a si mesmo. O ajustamento exige individualidade. De maneira análoga, as próprias qualidades individuais são medidas *a priori*, hoje, em termos do sucesso potencial. Assim, assume-se que uma "ideia original" é algo que "pode vender" e afirmar-se no mercado.

De fato, a situação psicológica é bastante paradoxal. Quem quer se ajustar ao padrão competitivo da sociedade // – ou ao seu sucessor mais hierarquizado – precisa dedicar-se aos seus próprios interesses individuais particularistas de maneira implacável para encontrar reconhecimento: deve, por assim dizer, ajustar-se pelo não ajustamento, por uma ênfase inabalável em seus interesses egoístas limitados e suas concomitantes limitações psicológicas. De forma recíproca, o desenvolvimento

---

23 Cf. NUNBERG, Hermann. "Ichstärke und Ichschwäche", *Internationale Zeitschrift für Psychoanalyse und Imago*, 24 (1939), p.49-61.

As estrelas descem à Terra

de uma individualidade espontânea precisa implicar certo grau de ajustamento. Henri Bergson apontou, em *O riso*, que as calcificações psicológicas que tornam um indivíduo cômico em sentido estético indicam alguma falha em sua maturidade, e estão ligadas à sua incapacidade de lidar com mudanças nas situações sociais, chegando inclusive a afirmar que, de certa forma, o conceito de "caráter" que denota um padrão de personalidade enrijecido, impassível de ser afetado pela experiência da vida, é em si mesmo cômico. Assim, a ênfase abstrata na individualidade, seu rompimento de contatos com o mundo exterior, resultam, de certa forma, em desajuste. Induz-se um comportamento compulsivo que, normalmente, estamos tentados a atribuir apenas ao oposto, à pressão de uma realidade alienada e convencionalizada. É perigoso, portanto, embora facilmente compreensível, isolar os conceitos de individualidade e ajustamento, atirando-os um contra o outro sem qualquer dialética, em uma disposição social que faz do conceito de ajustamento um fetiche. É essa estrutura complexa que oferece à coluna alguma oportunidade de encontrar um denominador comum às exigências contraditórias no sentido de ser uma personalidade e – conforme diz o eufemismo – "cooperar". O fato de que uma das exigências contraditórias inadvertidamente realiza a outra é habilidosamente explorado.

O encorajamento a ajustar-se diretamente a forças externas muitas vezes toma a forma de uma glorificação do extrovertido à custa do introvertido, para usar novamente a terminologia da psicologia popular.[24] Muitas vezes, parece que a coluna realmente

---

24 Esta dicotomia remonta à tipologia caracterológica desenvolvida por JUNG, C. G. *Psychologische Typen* (Zürich, 1921), p.473ss. Deve-se

Theodor W. Adorno

70 não espera uma integração de normas sociais com a // personalidade, mas pretende que os leitores obedeçam a exigências externas, à medida que isso tem de ser feito, ao mesmo tempo em que são levados a recair implacavelmente em um tipo de firmeza anárquica, tão logo consigam se safar delas. A configuração da obediência rígida e da falta de uma verdadeira introjeção das normas é, em si mesma, um sintoma de que, no fundo, há algo errado. As pessoas são continuamente levadas a se lembrar de que não precisam ficar preocupadas ou tensas, mas têm de agarrar a oportunidade de agir no momento certo e devem ser "agradáveis" com os outros, evitar discussões e ser "sensatas".

...exercite a consideração em casa, pois a tensão vai aumentar se você se mostrar nervoso...
(9 de novembro de 1952, Touro)

...controle o desejo de fazer comentários sarcásticos.
(21 de novembro de 1952, Capricórnio)

Em vez de ficar chateado com os problemas, procure novos interesses.
(9 de dezembro de 1952, Peixes)

Reprima vigorosamente sua tentação de brigar com seus colegas de trabalho.
(9 de dezembro de 1952, Câncer)

---

enfatizar que é exatamente este psicólogo, o qual alegou ter aumentado a profundidade de conceitos psicanalíticos supostamente rasos, o mais particularmente propenso a ser adotado por uma popularização comercial.

As estrelas descem à Terra

Tenha consideração com os outros. Trabalhe as questões de maneira cooperativa.
(13 de dezembro de 1952, Escorpião)

Na parte da manhã, seu autocontrole será testado em diversas ocasiões...
(30 de novembro de 1952, Áries)

Você vai se sentir a ponto de explodir na parte da manhã, sem qualquer motivo aparente. Os planetas estão testando seu autocontrole. Mantenha a calma.
(31 de dezembro de 1952, Câncer)

...seja mais sociável...
(12 de novembro de 1952, Virgem)

Saia do casulo. Abra-se para que novos contatos sejam possíveis...
(13 de novembro de 1952, Aquário)

Rodear-se de pessoas felizes e alegres lhe dará muito prazer.
(14 de dezembro de 1952, Câncer)

Você facilmente será muito feliz se aceitar convites no dia de hoje...
(12 de janeiro de 1953, Leão)

Aproxime-se de todas as pessoas que tenham vitalidade e dinamismo, e que sejam capazes de ajudá-lo a avançar rapidamente...
(13 de janeiro de 1953, Virgem)

Theodor W. Adorno

...saia para o mundo; encontre-se com pessoas que podem ensiná-lo a ser mais moderno...
(20 de janeiro de 1953, Escorpião)

Você está ansioso para concretizar seus planos. Ótimo. Não perca tempo; entre em contato com amigos capazes de ajudá--lo. Descubra novas saídas em todas as direções.
(3 de janeiro de 1953, Sagitário)

...faça todos os contatos possíveis, e afirme seus próprios objetivos de maneira decidida, mas sem perder o charme. Discuta o futuro com amigos práticos. Hora de agir!
(9 de janeiro de 1953, Peixes)

Ação!
(18 de janeiro de 1953, Escorpião)

71 // A maioria dessas formulações expressa a consciência de que o leitor está com alguma dificuldade. Assim, precisamente o tipo da mulher mais velha, compulsiva e isolada, que representa uma boa parte do público da astrologia, muitas vezes tem medo de fazer novos contatos, ou mesmo de qualquer contato. A coluna, de alguma forma, vem em sua ajuda. Os "caráteres psicóticos", apesar de suas defesas super-realistas (*over realistic defenses*) e do sucesso em isolar suas desilusões, ainda são ameaçados continuamente pela perda de qualquer relacionamento com a realidade. Um dos objetivos da coluna, à medida que ela procura "ajudar", é manter esse relacionamento em um nível superficial. Experiências similares estão por trás de outros conselhos que atuam no mesmo sentido.

As estrelas descem à Terra

"Seja agradável" refere-se às briguinhas típicas de mulheres ranzinzas da classe média baixa; "não se atormente", ao hábito psicológico de "ruminar", típico de indivíduos obsessivo--compulsivos. Ao mesmo tempo em que fortalece atitudes neuróticas em certas direções, a coluna procura canalizá-las ou isolá-las de seu funcionamento cotidiano, removendo sintomas que podem obstruir a eficiência do leitor.

Um conselho específico no sentido de promover o ajustamento "extrovertido" é o ataque ao "ego inflado". Levando em consideração a sensibilidade narcísica[25] do leitor, o colunista tem cuidado para não culpá-lo por tal desvio, mas, em vez disso, refere-se a seus superiores ou funcionários importantes e ameaçadores nesses termos. Entretanto, pode-se presumir que a ideia subjacente é alertar o próprio leitor contra tais ideias irrealistas a respeito de sua própria pessoa.

Você se sente cheio de dinamismo, determinado a colocar seus planos em ação a qualquer custo. Entretanto, aja com inteligência, sem se indispor com pessoas que têm um ego grande demais e que se ressentem do sucesso dos outros.
(14 de dezembro de 1952, Escorpião)

Um funcionário do governo ou executivo com ego inflado pode acabar sabotando seus planos...
(29 de janeiro de 1953, Leão)

---

25 Cf. FREUD, Sigmund. "Vorlesungen zur Einführung in die Psychoanalyse: die Libidotheorie und der Narzißmus", *Gesammelte Werke*, v.11, p.427-46 ["Conferências introdutórias à psicanálise. A teoria da libido e o narcisismo", 1916, v.XVI].

Theodor W. Adorno

À medida que os superiores são reconhecidos, a coluna tenta, referindo-se ao "ego inflado", mitigar o impacto desagradável das relações de hierarquia. É o superior, e não o homem // com cargo subordinado, que, de alguma forma, parece desequilibrado. Sua demonstração de força é apresentada como um sintoma da fraqueza inerente, de maneira a tornar a obediência mais fácil para o subordinado, sugerindo-se que, na verdade, ele é mais forte. A visão psicológica trivial de que o traço pretensioso é frequentemente uma mera formação reativa ao popular complexo de inferioridade é utilizada de modo a tornar mais fácil para o leitor lidar com sua própria dependência social. O extrovertido idolatrado não se afirma mais do que o necessário: ao contrário, aceita o que o mundo pensa dele como uma avaliação incontestável. A difamação do "ego inflado" é muito frequente na literatura de psicologia popular, incluindo as obras da falecida srta. Horney.[26] Alimentando-se de reminiscências do velho conceito psiquiátrico da ilusão de grandeza, esse estereótipo está muito próximo da ideia expressa em apelidos do tipo "Café Größenwahn":* a de que o introvertido, a pessoa reservada, é injustificavelmente arrogante, e que sua distância frente à trivialidade e brutalidade da vida cotidiana é, na verdade, apenas um indicativo de fraqueza e de uma con-

---

26 Cf. HORNEY, Karen. *New Ways in Psychoanalysis* (New York: W. W. Norton & Company, 1939); Idem, *Neurosis and Human Growth: The Struggle toward Self-Realization* (New York: W. W. Norton & Company, 1950); Idem, *The Neurotic Personality of our Time* (New York: W. W. Norton & Company, 1937).

* Literalmente, "Café Megalomania". Foi o apelido que recebeu o Café Grusteidl, frequentado por escritores e compositores da Viena do fim do século XIX. [N.T.]

cepção distorcida da realidade. Abusa-se, com propósitos conformistas, do grão de verdade contido em tais noções. O mundo está certo; o estranho está errado. Assim, da mesma forma que com o padrão muito semelhante do anti-intelectualismo, promove-se um nivelamento geral. Em conformidade com essa ideologia, ninguém deve realmente acreditar em si mesmo e em suas qualidades intrínsecas, mas, ao contrário, necessita colocar-se à prova junto com todos os demais por meio do funcionamento em meio às condições já dadas.

De acordo com a técnica bifásica, entretanto, em outros momentos, os leitores são encorajados a ser "indivíduos". Mas, aqui, observa-se algo análogo ao tratamento dispensado ao prazer, o que induz a suspeita de que a própria individualidade é vista como uma espécie de artigo de luxo que algumas pessoas podem bancar e que tem de ser exaltada como um "bem cultural", mas que nunca deve interferir seriamente no funcionamento do maquinário social.

73   // Olhando mais de perto as qualidades individuais defendidas pela coluna, descobrimos que ela praticamente nunca se refere ao caráter maduro e experiente definido pelo poder de resistência à pressão externa, e nunca aponta para um ego específico e fortemente desenvolvido. Em vez disso, os aspectos supostamente positivos da individualidade são traços isolados, separados do desenvolvimento do ego – de fato, são o contrário do ego: dons irracionais que têm algo de mágico. A dificuldade de se acentuar a individualidade em pessoas cujo ego é supostamente fraco é superada substituindo-se a individualidade por qualidades arcaicas rudimentares que podem ser vistas como "posses" do indivíduo, independentes da formação do seu ego. Na medida em que tais qualidades têm

Theodor W. Adorno

pouco a ver com o ego e sua racionalidade, elas são individualizadas em um sentido absoluto, tratadas como dons sem par. Quando a coluna apela à individualidade do leitor, menciona, quase invariavelmente, bênçãos tais como "charme", "magnetismo pessoal" etc.

...seu charme pessoal estará extraordinariamente eficaz...
(12 de novembro de 1952, Touro)

...mantenha-se alegre, irradiando magnetismo.
(14 de novembro de 1952, Aquário)

Seu charme pessoal é aumentado pelos recursos que lhe estão disponíveis.
(13 de novembro de 1952, Libra)

...aumente seu charme pessoal...
(17 de novembro de 1952, Sagitário)

...cada grama do seu charme magnético estará mais perceptível...
(18 de novembro de 1952, Leão)

...deixe fluir seu charme magnético...
(19 de novembro de 1952, Áries)

Transborde magnetismo.
(21 de novembro de 1952, Libra)

Transborde charme.
(17 de novembro de 1952, Áries)

ou sua "intuição particular":

As estrelas descem à Terra

...inspiração súbita e brilhante lhe mostrará uma maneira de melhorar um empreendimento conjunto.
(10 de novembro de 1952, Sagitário)

Na parte da manhã, use sua mente brilhante para formular melhores planos de ação em todas as dimensões da sua vida.
(16 de novembro de 1952, Virgem)

De tarde, suas intuições lhe darão as respostas corretas.
(16 de novembro de 1952, Escorpião)

74 // No início do dia, use aquela sua perspicácia especial para planejar avanços importantes.
(20 de novembro de 1952, Escorpião)

A ênfase na intuição irracional, em relação ao pensamento racional, é extremamente popular em um mundo racionalizado.[27] Parece que as categorias individualistas envolvidas aqui são tratadas de forma semelhante ao que, na economia, tornou-se conhecido como "monopólios naturais". É significativo que os elementos em questão sejam denominados "recur-

---

27 Pode-se mencionar, de passagem, que as origens históricas do conceito de intuição coincidem com os grandes sistemas extremos da filosofia racionalista do século XVII. Assim, para Spinoza, a intuição é o tipo mais alto de conhecimento, embora o termo seja usado por ele em um sentido um pouco diferente do atual. Em Leibniz, o conceito de inconsciente é introduzido por meio de reflexões matemáticas sobre o conhecimento subliminal, sob o epíteto de *petites perceptions*. A história da intuição é a face noturna do racionalismo ocidental.

sos", coisas sujeitas à régua do sucesso, da praticidade, da mesma forma que o prazer foi tratado como uma subfunção do trabalho. Se o indivíduo consegue cumprir as expectativas da coluna, ele desenvolve, enfatiza e demonstra essas qualidades que não compartilha com mais ninguém, porque sua "raridade" lhes dá valor de venda. O ser diferente é, assim, integrado no padrão da igualdade universal como um objeto de troca. A própria individualidade é submersa no processo de transformação dos meios em fins. O leitor é incessantemente encorajado a impressionar os outros com sua individualidade, utilizando "recursos" que, aparentemente, são tão cobiçados que todos estão prontos a atribuí-los a si mesmos, tão logo lhes seja dada a chance.

No entanto, mesmo isso não é uma construção irrealista ou um devaneio por parte da coluna, mas reflete algo que já foi observado há muito tempo. Em um de seus primeiros romances, Aldous Huxley descreveu uma pessoa que tinha controle sobre seu charme, podendo ativá-lo ou desativá-lo. Essa experiência não parece ser de forma alguma inédita. Quando, no mundo competitivo, as pessoas aprendem que certas manifestações, normalmente muito involuntárias e irracionais, tais como um sorriso ou um tom de voz particular, impressionam os outros de forma favorável, elas aprendem a converter essas qualidades expressivas em um "recurso" e exibir "aquele belo sorriso" nas ocasiões apropriadas.

---

* O termo original em inglês é *asset*, o que veio a denominar tanto itens de propriedade pessoal como bens componentes do ativo empresarial e recursos disponíveis, que podem ser mensurados em termos monetários. [N.T.]

As estrelas descem à Terra

Se, por um lado, o conselho para ser prático coincide com a ideia de // ser realista e, em muitos aspectos, consiste, afinal, no realismo, os mecanismos irracionais subjacentes da compulsão manifestam-se em certos traços do sentido prático aconselhado, que são em si mesmos irracionais e proporcionam uma imagem do que poderia se chamar de falta de sentido de proporção, o que, às vezes, indica sérias deformações psicológicas. Essas deformações normalmente seguem o padrão muito difundido da substituição dos fins pelos meios. Aquilo que é denominado "prático" às vezes assume o peso de uma *"überwertige Idee"* (uma ideia que desempenha, no fluxo de consciência de uma pessoa, um papel desproporcional, determinado por fatores psicológicos). Vistas desde a realidade, certas ações e atitudes extremamente enfatizadas têm na realidade um efeito e uma importância de escopo bastante limitado.

Assim, o conselho inócuo, porém trivial, de cuidar da aparência desempenha um papel surpreendentemente grande na coluna.

Melhore também sua aparência pessoal...
(12 de novembro de 1952, Virgem)

Em vez disso, cuide mais de sua aparência pessoal e saúde.
(12 de dezembro de 1952, Aquário)

Mais charme pessoal e melhorias para seu carro etc., são possíveis com tratamentos reconhecidos por "dar um trato".
(13 de novembro de 1952, Gêmeos)

Theodor W. Adorno

Dia de tratamentos de beleza, cortar o cabelo e fazer todo o possível para aumentar seu charme pessoal e sensação de bem-estar...
(13 de novembro de 1952, Libra)

...melhore sua aparência para trazer à tona seu charme magnético.
(19 de novembro de 1952, Áries)

...SUA aparência precisa estar impecável...
(22 de novembro de 1952, Touro)

A ênfase incessante nesses aspectos sugere a exaltação da limpeza e da saúde ao nível de ideais, um traço bem conhecido da síndrome anal. O sintoma psicótico de dar atenção demais ao próprio corpo, que, de alguma forma, parece estar alienado de "si mesmo", também é pertinente. Pessoas excessivamente cuidadosas e cautelosas tendem tanto à astrologia como aos movimentos por uma alimentação saudável, a medicina natural e panaceias similares. O valor sociológico da limpeza está ligado à herança cultural do puritanismo, uma fusão do ideal de pureza sexual com aquele do corpo asseado – *mens sana in corpore sano*. No fundo, está a repressão do sentido do olfato.

76   // Todas essas propensões irracionais são defendidas pelo padrão pseudorracional de externalização adotado pela coluna. O que importa é a aparência das pessoas, e não o que elas são. A ideia de que tudo é um meio para um fim acaba com qualquer vestígio de coisas que existem por si mesmas.

Relacionado a essa questão está o conselho constante para "cuidar das questões materiais e discutir questões financeiras com a família". Trata-se, sobretudo, de indicadores de uma catexia anal de coisas que são apresentadas ao leitor como posses tangíveis e fixas, especialmente na esfera de sua vida privada, uma vez que, provavelmente, só uma minoria dos leitores possui um negócio próprio. Mas afora esses bem conhecidos traços psicológicos, também cabem algumas considerações sociológicas específicas. A possibilidade de adquirir dinheiro e posses, ou mesmo a chance de tentar consegui-los, é, hoje em dia, muito mais limitada para a maioria das pessoas do que se supunha – correta ou erroneamente – durante a alvorada do liberalismo clássico. Ainda assim, o mito de Horatio Alger* é continuamente mantido como um dos mais importantes estímulos ao esforço pessoal. Novamente, a coluna precisa buscar uma saída. Se não é possível adquirir propriedades como antigamente, implica-se de forma sugestiva que, por meio de uma disposição inteligente do que se tem, por meio de planejamento e programação que, aliás, apela às pessoas compulsivas, é possível alcançar o mesmo sucesso que hoje é negado aos empreendimentos expansivos de negócios. Tabelas, planejamentos mensais, cronogramas e outras iniciativas e formalistas do gênero servem como substitutos para o processo real de ganhar dinheiro. É por isso que a ideia de controle de orçamento, de fazer planos e sintomas similares de realismo irrealista são estimulados pela coluna. É como se o vice-presidente imaginário (já que, afinal, ele não é o vice-presidente) devesse, pelo menos brincando, desempenhar essa função – um recurso que,

---

* Escritor norte-americano da segunda metade do século XIX conhecido por suas novelas "edificantes" em que personagens pobres alcançavam o dinheiro e o sucesso pelo esforço e pela virtude. [N.T.]

aliás, às vezes também é aplicado com finalidade educacional em cursos de formação de administradores, no qual *office boys* têm de atuar simbolicamente como executivos por um dia.

Você tem imaginação, e a visão que escolher como meta pode ser realizada. Descubra como as pessoas ao seu redor investem o dinheiro, aumentam sua renda; em seguida, assuma suas próprias responsabilidades; pague as contas. (13 de novembro de 1952, Peixes)

Busque novos métodos para aumentar sua renda atual. Corte despesas supérfluas. A aproximação de colegas de trabalho sérios traz uma nova dimensão às // suas obrigações atuais. (18 de novembro de 1952, Escorpião)

...invente novos caminhos para ganhar dinheiro... (19 de novembro de 1952, Escorpião)

...descubra melhores formas de assegurar uma renda maior. Medidas cooperativas terão sucesso. (20 de novembro de 1952, Gêmeos)

Trabalhe todas as dimensões que podem lhe trazer mais dinheiro, posses, as boas coisas da vida. (22 de novembro de 1952, Gêmeos)

Ainda assim, o velho conceito de aquisição desenfreada está tão profundamente arraigado na cultura dos negócios que não pode mais ser descartado ou reprimido inteiramente por uma pseudoatividade espúria, ainda que o colunista esteja ciente de que tal conceito não é adequado à economia atual. Apelan-

As estrelas descem à Terra

do-se à base supersticiosa da astrologia – a qual geralmente permanece escondida –, encontra-se, então, uma saída muito engenhosa. Há uma série de alusões a ganhos materiais substantivos, mas eles quase nunca são atribuídos ao trabalho do leitor ou a lucros derivados de negócios, mas sempre a atos providenciais do destino, altamente improváveis e irracionais.

Uma ajuda inesperada de uma fonte oculta torna todas as questões financeiras mais fáceis de serem resolvidas...
(23 de novembro de 1952, Áries)

Pessoas, mensagens e chamadas de lugares distantes trazem um elemento de boa fortuna que o ajudará a alcançar um determinado desejo...
(26 de novembro de 1952, Áries)

No meio do dia, você receberá um auxílio inesperado.
(6 de dezembro de 1952, Virgem)

Probabilidade de benefícios inesperados. Entretanto, nada que você tentar realizar sozinho terá êxito.
(20 de janeiro de 1953, Áries)

Apelando para a técnica simples dos leitores da sorte e dispensando a reserva que comumente adota, a coluna assegura ao leitor que, em algum momento particular, ele receberá enormes ganhos monetários caso tenha nascido sob um determinado signo ou use "amigos" misteriosos como agentes que lhe conferirão benefícios fabulosos. Não se espera que ele acredite que poderia ganhar esse dinheiro trabalhando ou tampouco que aceite que nunca o terá. Fala-se com o leitor como se ele fosse uma criança, transformando-o em alvo de promessas irracionais. Obviamente, o colunista calcula que os desejos do leitor nesse sentido são tão fortes que ele é capaz de aceitar até mesmo essas promessas irracionais, devido às gratificações momentâneas que elas proporcionam, embora o saiba, no fundo, que tais promessas jamais serão cumpridas. Nesse ponto, a coluna se nutre da mesma // mentalidade que leva as pessoas a apostar no jogo de cartas, nas corridas de cavalo ou em perspectivas semelhantes de dinheiro fácil. A propensão ao ganho material fácil parece relacionada às chances cada vez menores de se ganhar dinheiro com algum projeto pioneiro ou a partir de uma base de cálculo racional.

À vezes, as promessas impossíveis feitas pela coluna têm a forma de referências às esperanças "mais queridas" ou aos desejos "mais profundos" do leitor.

Converse sobre suas esperanças mais queridas com seus parentes.

(27 de janeiro, Touro)

Tais referências funcionam como "lacunas" que provavelmente serão preenchidas por cada leitor de acordo com suas próprias exigências emocionais. E como as "esperanças mais queridas" do leitor estão envolvidas, ele se prepara temporariamente para aceitar as promessas mais improváveis. O que parece ser simplesmente um maneirismo linguístico da coluna revela-se, em seu contexto geral, um ardil muito inteligente para apanhar o leitor. Também se pode dizer que essa fórmula tão abstrata, "suas esperanças mais queridas", é uma dos recursos por meio dos quais impulsos instintuais não censurados são san-

As estrelas descem à Terra

cionados pelo colunista, sem que ele tenha que se comprometer com algo específico.

Enquanto alimenta esperanças de ganhos consideráveis escapando da limitação dos processos normais de negócios – "um golpe de sorte" –, a coluna não está satisfeita com promessas inteiramente irracionais. Às vezes, o leitor é encorajado, ainda que com muita cautela e indiretamente, não apenas a confiar em sua sorte, mas, para tomar emprestada a frase do *Riccaut de la Marlinière*, de Lessing, *"corriger la fortune"*.* Essa ideia aparece na utilização, em sentido positivo, de expressões como "por trás dos panos".

Um encontro por trás dos panos com um especialista em finanças vai lhe mostrar o caminho para melhorar sua renda.
(17 de novembro de 1952, Sagitário)

Na parte da manhã, haverá necessidade de um encontro secreto com um membro da família para eliminar preocupações.
(19 de novembro de 1952, Virgem)

...planeje o futuro secretamente.
(21 de novembro de 1952, Aquário)

Este é o seu dia de manipular as questões de forma inteligente, por trás dos panos, para aumentar sua felicidade...
(3 de janeiro de 1953, Leão)

---

* "Corrigir a sorte". A referência é à linha 66 da Cena II do Ato IV de *Minna von Barnhelm* (1797). [N.T.]

79 // Várias discussões por trás dos panos podem mostrar formas inteligentes de aumentar sua renda.

(9 de janeiro de 1953, Aquário)

Atividades por trás dos panos lhe permitirão estabelecer um sistema melhor para realizar tarefas desagradáveis, trazendo também maior contentamento para sua vida doméstica.

(13 de janeiro de 1953, Aquário)

Além do aconselhamento constante no sentido de "chegar a um acordo", "aumentar suas posses" e "planejar", o colunista estimula a ideia de que o leitor só pode avançar na hierarquia dos negócios se trapacear, usar suas ligações pessoais e uma espécie de diplomacia furtiva, em vez de empregar atividades estritamente ligadas ao trabalho. Isso tem implicações bastante malignas. Dentro do padrão das ilusões modernas de massa, a ideia da conspiração – que, sem dúvida, é de natureza projetiva – está sempre presente. O encorajamento de atividades "por trás dos panos" é uma maneira imperceptível de promover uma aproximação a tais tendências, que normalmente são projetadas sobre grupos que se imagina estar às margens da sociedade. Aqueles que persistentemente acusam os outros de estarem conspirando têm uma forte tendência a conspirar, e isso é aproveitado e explorado pela coluna. Em face do caráter um tanto arriscado desse conselho, a abordagem bifásica, aqui, é especialmente valiosa para a coluna. A sugestão da trapaça é compensada – anulada, no sentido psicanalítico – por apelos intercalados a agir de maneira obediente à lei, e a se manter sempre dentro do reino do permissível, um conselho condizente com a atitude externa da coluna, convencionalista e conformista.

As estrelas descem à Terra

A obediência estrita ao espírito bem como à letra da lei contentará enormemente um superior zangado.
(14 de novembro de 1952, Capricórnio)

Mas a moralidade também parece externalizada: é necessário prestar contas das próprias ações frente aos outros, especialmente os superiores, em vez de assumi-las diante de si próprio. Ao mesmo tempo, a ideia de prestar contas não é apresentada como um dever normal no ambiente dos negócios, mas como uma ameaça. Aconselha-se o leitor a comportar-se de tal forma que, quando for necessário responder por suas ações – se esse momento chegar –, ele seja poupado pela tempestade. Deve-se manter a ficha limpa para se manter longe de problemas, seja pelo pedantismo, seja pela esperteza.

Aja com a maior cautela quando estiver lidando com fundos que envolvem outras pessoas...
(10 de novembro de 1952, Gêmeos)

80 // ...assegure-se de tratar todos os assuntos mundanos de forma absolutamente correta, para não se tornar alvo de críticas.
(17 de novembro de 1952, Peixes)

Tome mais cuidado do que o normal com questões de crédito para evitar um erro não intencional que fará um superior desconfiar de suas habilidades. Na parte da tarde, sistematize seus empreendimentos conjuntos.
(18 de novembro de 1952, Peixes)

...realize com extrema atenção todos os cálculos relativos a compromissos com bancos, impostos e renda.
(22 de novembro de 1952, Áries)

Theodor W. Adorno

...fundos conjuntos devem ser administrados com exatidão.
(6 de dezembro de 1952, Touro)

Você não se sente disposto a tornar seus projetos atuais mais lucrativos, e isso fará com que seja necessário lidar com cautela com uma autoridade que pode enfurecer-se, caso uma explicação muito exata não seja fornecida.
(3 de janeiro de 1953, Peixes)

Não se arrisque em questões de crédito e carreira! Quando lhe pedirem que preste contas de suas obrigações atuais, fique grato pela chance de dar explicações meticulosas.
(8 de janeiro de 1953, Capricórnio)

Se você assumir algum risco, uma autoridade lhe pedirá para prestar contas.
(14 de janeiro de 1953, Capricórnio)

Na parte da manhã, aja com muita exatidão em todos os assuntos ligados às autoridades.
(15 de janeiro de 1953, Áries)

Seus problemas financeiros estão lhe mostrando que é necessário ser mais sistemático e sensato.
(21 de janeiro de 1953, Peixes)

Enquanto a coluna parece implicitamente concordar com a ideologia muito difundida, embora não oficial, de que tudo é permitido desde que ninguém seja flagrado, o lembrete periódico aos leitores para se manterem dentro dos limites da lei

As estrelas descem à Terra

também indica o fato de que o colunista pressupõe inclinações muito fortes, por parte de seus leitores, no sentido da transgressão da lei e da anarquia, o que é o reverso da rígida integração social e da conformidade, abertamente defendidas. Os impulsos destrutivos onipresentes estão sempre à beira de despedaçar o mesmo mecanismo de controle que os engendra.

Verifique cuidadosamente todas as suas contas, declarações e obrigações conjuntas. A tentação a esquecer o dever em nome do prazer não terá bons resultados.
(21 de janeiro de 1953, Gêmeos)

Aja com extrema cautela ao lidar com fundos que envolvem outras pessoas. Adie prazeres dispendiosos até um momento mais propício. Sua segurança depende do cumprimento de suas obrigações atuais.
(10 de novembro de 1952, Gêmeos)

Pode-se mencionar um último aspecto irracional da ideia de "ser prático", presente na coluna. Trata-se da sugestão de que a "origem familiar" indicará o caminho ao leitor.

81 // Sua origem lhe dará respostas sobre a atitude correta a assumir diante de superiores que questionem suas habilidades ou pontos de vista.
(23 de novembro de 1952, Capricórnio)

Na parte da manhã, os princípios herdados de sua família lhe trarão benefícios.
(7 de dezembro de 1952, Câncer)

Theodor W. Adorno

Sua origem familiar lhe fornecerá as respostas para as principais necessidades do momento.
(14 de dezembro de 1952, Libra)

Na parte da manhã, sua origem dará as respostas para suas preocupações e melancolia.
(21 de dezembro de 1952, Capricórnio)

Os sólidos princípios da sua origem entram em conflito com seu desejo de obter prazeres arriscados e aventureiros. Opte pelas saídas que você já conhece.
(11 de janeiro de 1953, Escorpião)

Na parte da manhã, sua origem familiar lhe apontará o caminho para avançar em todas as direções.
(18 de janeiro de 1953, Áries)

Hoje, a paz de espírito será alcançada por meio de sua atenção a problemas práticos e princípios familiares comprovados.
(25 de janeiro de 1953, Virgem)

Trata-se de algo que está próximo de outras ideias abordadas no presente estudo, tais como o tratamento das qualidades pessoais como monopólios naturais, ou a ideia bifásica de ser moderno e conservador, em que, evidentemente, a origem familiar pertence ao lado conservador.

Entretanto, esse dispositivo deve ser visto, sobretudo, como uma nova tentativa de lidar com o ameaçador desaparecimento da atividade da livre competição. A noção daqueles que "estão dentro" desempenha um papel cada vez maior, sociologicamente ligado às "sociedades fechadas", e particularmente observável em países totalitários. A evocação da "origem familiar"

As estrelas descem à Terra

pode possivelmente ser um apelo àqueles que são norte-americanos natos, brancos e não judeus, cujas famílias vivem nos Estados Unidos há muito tempo, e que, imaginando-se "as pessoas certas", esperam certos privilégios. Supõe-se que a "origem familiar" funcione de maneira tranquilizadora, tanto no plano narcisista como no realista, à medida que as pessoas de boa família devem ser admitidas mais facilmente em posições influentes. Por trás da origem familiar está a ideia de *numerus clausus*. Contudo, a abrangência do dispositivo não é de forma alguma limitada aos poucos escolhidos: a própria maioria é tratada como um grupo privilegiado de modo a contrabalançar os sentimentos de atomização e insegurança pessoal como parte da técnica moderna de manipulação de massas apontada por Karl Mannheim em seu livro *Homem e sociedade*.

// Na coluna de 21 de dezembro, aqueles nascidos sob o signo de Capricórnio são tranquilizados com a informação de que "sua origem dará as respostas para suas preocupações e melancolia". Superficialmente, isso significa que tais pessoas poderão valer-se de suas tradições de modo a solucionar seus problemas – de fato, uma promessa pouco convincente. A mensagem psicológica real é, na verdade, a seguinte: "Pense sobre a maravilhosa família da qual você veio e sinta-se superior às pessoas das quais você depende e que podem tê-lo aborrecido". Pode-se mencionar a observação feita por um indivíduo altamente preconceituoso estudado em *The Authoritarian Personality*:[28] "Todos os meus amigos são de famílias maravilhosas".

---

28 Cf. ADORNO, T. W. et al. *The Authoritarian Personality.* New York: Harper & Brothers, 1950.

Theodor W. Adorno

Também se faz muitas vezes referência à imaginação. Aqui, entretanto, aparece um indicativo de sutis mudanças psicológicas refletindo mudanças sociais que são, por sua vez, muito drásticas. A velha ideia de que só se pode ganhar dinheiro por meio da originalidade e de novas ideias, e de que o sucesso no mercado não depende de se atender à demanda, mas sim da criação de novas demandas, ou da oferta de algo melhor e mais barato do que aquilo que está momentaneamente disponível, ainda é mantida. Mas a coluna precisa reconhecer que a oportunidade para a implementação de inovações e ideias originais é, hoje, extremamente limitada para a maioria das pessoas. Assim, novamente aproveitando de forma muito engenhosa os padrões compulsivos, a ênfase na capacidade imaginativa é apresentada principalmente em termos de administração e organização de negócios. Ainda que a oportunidade de realizar mudanças essenciais reais nessas áreas seja obviamente muito restrita, elas ainda aparecem mais alinhadas com a organização geral da vida profissional dentro da qual as pessoas estão presas do que a ideia de uma inventividade que pressupõe uma configuração muito mais individualista. Assim, encoraja-se o leitor a realizar alterações dentro da estrutura organizacional dada, providências necessariamente rotineiras que presumivelmente dirão respeito ao escopo muito restrito de sua influência ou conhecimento, tendo pouca influência sobre o curso real das coisas. O conceito de originalidade parece ter-se // reduzido ao ideal pessoal de tornar-se um especialista em eficiência em sua própria área restrita.

...você pode mudar as coisas adotando um plano novo e inesperado. Abra sua mente.
(10 de novembro de 1952, Escorpião)

As estrelas descem à Terra

Você tem imaginação, e a visão que escolher como meta pode ser realizada. Descubra como as pessoas ao seu redor investem o dinheiro, aumentam sua renda; em seguida, assuma suas próprias responsabilidades; pague as contas.
(13 de novembro de 1952, Peixes)

...sua criatividade é excelente. Dê atenção também aos investimentos.
(15 de novembro de 1952, Gêmeos)

Suas expressões criativas terão uma capacidade de atração incomum. Utilize seu excelente tato e sua veia artística para atingir maior sucesso.
(22 de novembro de 1952, Libra)

Modificações tais como aquela do conceito de originalidade indicam que a sabedoria mundana que guia a coluna não é de forma alguma limitada à psicologia popular, mas inclui também a economia, conforme se pode esperar de uma abordagem dedicada à esfera em que motivações psicológicas e racionais estão misturadas. Uma parte do aconselhamento contraditório é um testemunho de problemas econômicos já antigos. A alternância entre os conselhos "seja moderno" e "seja conservador" relaciona-se, embora não sejam idênticos, à dimensão do "seja imaginativo" e "seja sensível". Ambos os termos são introduzidos principalmente com referência a métodos, técnicas e aperfeiçoamento dos negócios. A individualidade também está implicada aqui. Supõe-se que só aquele que pensa sozinho e oferece algo novo é capaz de ter sucesso. Por outro lado, é tradicionalmente aceito que aqueles que

Theodor W. Adorno

ousam fazer inovações, mas possuem recursos financeiros limitados, correm o risco de ser eliminados por interesses financeiramente mais fortes, mesmo quando criam algo verdadeiramente inovador. A imagem do inventor morrendo de fome é bem conhecida. Sob as condições atuais, o *slogan* "seja moderno" tende a deteriorar-se em mera fraude. O avanço tecnológico real é deixado para especialistas tecnológicos que frequentemente estão distantes do esquema dos negócios, enquanto que aquele que quer entrar em uma organização de negócios de grande porte precisa, geralmente, ser "conservador" – talvez não tanto, hoje em dia, por medo da falência, mas por medo de chamar para si, como empregado, a imagem de excentricidade, de alguém que está transgredindo seu lugar na hierarquia, caso venha continuamente a empreender ou defender inovações. // A dificuldade real é evitada no momento em que a coluna tenta resolver esse impasse sugerindo simplesmente que o leitor seja às vezes conservador e às vezes moderno. Ambos os conselhos, que possuem seu significado completo na esfera da produção, são simplesmente transferidos para a esfera do consumo, a qual ainda dá ao indivíduo pelo menos certa liberdade de escolha entre o que é anunciado como moderno e excitante, ou antiquado em um sentido aconchegante ou curiosamente estranho. Ainda mais frequentemente, o termo "conservador" é utilizado no sentido amplo de se adotar uma política financeira "de conservação", ou seja, a de cuidadosamente evitar gastos desnecessários. Declarações eloquentes por parte da coluna frequentemente reduzem-se à recomendação de agir com parcimônia. Quando a coluna aconselha o leitor a ser moderno, parece quase imperativo que ele compre equipamentos modernos, particularmente

As estrelas descem à Terra

de tipo doméstico – um conselho ligado ao universo das bugigangas elétricas. Quando recebe o conselho de ser conservador, significa que deve manter seus gastos sob controle. O próprio fato de que a alteração entre moderno e conservador é relegada à esfera do consumo, entretanto, aponta para uma situação um tanto autocontraditória. Enquanto a gigantesca oferta atual de bens exige pessoas de mentalidade moderna, preparadas para comprar qualquer novidade, a mentalidade do comprador construída dessa maneira corrói as reservas, ameaça aqueles para quem comprar torna-se uma compulsão, e é com frequência apresentada como se, potencialmente, colocasse em perigo a estrutura econômica, solapando a própria capacidade de compra. De maneira a corrigir tudo isso, sempre de forma verdadeiramente conformista, a coluna tem de promover vendas e resistência às vendas, uma tarefa ingrata que só se torna possível periodizando o aconselhamento.

Você precisa revitalizar suas ideias para se manter em dia com as condições atuais. Estude sistemas modernos. Peça ajuda, e um amigo progressista lhe será enormemente útil.
(16 de novembro de 1952, Capricórnio)

Todo mundo que você conhece parece estar muito confuso. Nada está fazendo sentido. Confie nos princípios antigos e comprovados, e tudo correrá muito bem.
(4 de dezembro de 1952, Áries)

Tudo parece difícil, você não consegue achar as roupas, alimentos ou outros artigos que deseja. Seja bastante conservador.

Theodor W. Adorno

Assim, você evita os erros que os outros cometerão por não se darem conta de que hoje é um mau dia.
(4 de dezembro de 1952, Leão)

85 // Adote uma atitude mais moderna. Isso lhe trará proteção.
(9 de dezembro de 1952, Escorpião)

...aja com muita cautela em todas as questões financeiras e aplicações conjuntas. Não confie nas suas intuições.
(6 de janeiro de 1953, Peixes)

O termo "moderno", conforme utilizado pela coluna, é frequentemente sinônimo de "científico":

Esqueça os sistemas e interesses antigos e desgastados. Busque tendências modernas que atendam suas necessidades no campo científico e educacional.
(5 de janeiro de 1953, Capricórnio)

Atenha-se aos fatos essenciais de uma maneira atual e científica; isso tornará seu charme pessoal incrivelmente eficaz.
(12 de novembro de 1952, Touro)

Esse é o dia certo para deixar de lado seu modo de ser convencional. Veja como o resto do mundo está vivendo e adote métodos modernos para aumentar sua eficiência.
(12 de novembro de 1952, Capricórnio)

Algumas de nossas concepções mais antigas precisam ser atualizadas para funcionar no mundo de hoje.
(16 de novembro de 1952, Áries)

As estrelas descem à Terra

Você vai obter mais felicidade adotando princípios espirituais, educacionais e científicos mais modernos. Sucesso em empreendimentos criativos.

(23 de novembro de 1952, Gêmeos)

A ideia envolvida aqui é a de que se pode economizar dinheiro introduzindo inovações, em vez de correr algum risco. Ao mesmo tempo, o conselho "seja científico" traz à tona uma preocupação peculiar da coluna. Na astrologia e no ocultismo como um todo, conforme foi indicado anteriormente, percebe-se uma forte ansiedade para se superar a desconfiança de que são alvo as práticas mágicas no âmbito de uma cultura marcada pelo empreendimento racionalizado. A ciência é a má consciência do ocultismo, e quanto mais irracional a justificativa de suas pretensões, maior a ênfase no fato de que não há charlatanismo envolvido. Se, por um lado, a coluna evita controvérsias sobre os méritos da astrologia, mas, por boas razões psicológicas, assume sua autoridade como um dado, ela segue indiretamente aquele impulso, curvando-se de forma estudada à ciência em geral.[29]

---

29 O estudo da ficção científica seria muito proveitoso. Essa moda tão difundida pode dever sua tremenda popularidade à solução engenhosa que apresenta para o conflito entre irracionalidade e senso comum. O leitor de ficção científica não precisa mais se sentir envergonhado de ser uma pessoa supersticiosa e crédula. Suas próprias fantasias — não importa quão irracionais, ou qual seja o grau implícito de conteúdo projetivo de natureza individual ou coletiva — não aparecem mais como irreconciliáveis com a realidade. Assim, o termo "outro mundo", que antes tinha um significado metafísico, é trazido // para o nível da astronomia, onde ecoa com um timbre empírico. Os fantasmas e outras terríveis ameaças, os quais muitas

Theodor W. Adorno

86 Analisada do ponto de vista psicanalítico, a interpretação da ambição // astrológica de apresentar um culto apócrifo como científico de maneira a amenizar a má consciência provavelmente não tem um alcance muito profundo. O ideal de segurança, a conquista da ansiedade, também parece desempenhar um papel aí. Há um medo compulsivo de se cometer erros e, como correlato dele, uma intensa gratificação em se estar "absolutamente certo", mesmo que a irrepreensibilidade seja obtida apenas por intermédio de uma completa trivialidade e ausência de sentido – uma filosofia reminiscente do pedantismo do caráter anal. Quanto mais dúbias as afirmações em jogo, mais forte a necessidade desse tipo de proteção. Além das fixações primitivas, essa atitude é reforçada na fase edipiana[30] pelo medo do pai que desencoraja a curiosidade sexual e diz à criança que ela é estúpida demais para entender

---

vezes revivem entidades bizarras mais antigas, são tratados como objetos naturais e científicos que vêm do espaço, de outro sistema planetário ou, preferencialmente, de outra galáxia, ainda que o mais avançado conhecimento biológico de que dispomos – a "lei de convergência" – aponte para desenvolvimentos mais semelhantes aos da Terra, mesmo em estrelas distantes, do que os figurados nas secularizações da demonologia com que se entretém o leitor de ficção científica. A coisificação e mecanização do próprio homem são projetadas sobre a realidade na difundida literatura sobre robôs. Aliás, a ficção científica consome uma longa tradição de literatura norte-americana que lida com o irracional ao mesmo tempo que nega sua irracionalidade. Sob vários aspectos, Edgar Allan Poe é o inventor da ficção científica, bem como das histórias de detetives.

30 Cf. FREUD, Sigmund. *Vorlesungen zur Einführung in die Psychoanalyse, Gesammelte Werke*, v.11, p.211ss; 341ss. [*Conferências introdutórias à psicanálise*, 1916, v.XV].

As estrelas descem à Terra

qualquer coisa, e que deveria se limitar ao que é convencionalmente feito e conhecido, em vez de embarcar em eventuais especulações exploratórias – uma atitude refletida pela coluna à medida que ela sempre se refere a necessidades fixas inalteradas, e nunca vai além do que aparece como "positivo". Sempre se supõe que o leitor da coluna vai agir de acordo com as prescrições. O sentimento de que nada pode acontecer depois do afastamento do desejo sexual, operado pelo medo da castração,[31] substitui a gratificação originariamente buscada: a própria segurança // pode se tornar um substituto sexual. Entretanto, a irracionalidade desse deslocamento nunca é inteiramente perdida de vista. Isso se espelha de maneira bastante exata na postura que vê a astrologia como uma ciência que promete uma segurança absoluta e incontestável (principalmente porque ela não pode ser testada), enquanto a fonte última de segurança – a ameaça – permanece escondida e, em última análise, irreconhecível. As alusões a um perigo iminente podem ser o último dos traços altamente censurados do medo da castração. Certamente, entre as mensagens verdadeiramente inconscientes da coluna, a mais eficaz de todas deve ser "a segurança em primeiro lugar", um *slogan* que, por si mesmo, deve ser visto, além dos seus méritos racionais, como um hieróglifo psicológico.

---

31 Cf. Ibidem, p.383-4; Idem, "Hemmung, Symptom und Angst", *Gesammelte Werke*, v.14, p.136-7 ["Inibição, sintoma e angústia", 1926, v.XX]; Idem, *Neue Folge der Vorlesungen zur Einführung in die Psychoanalyse*, *Gesammelte Werke*, v.15, p.93-4 "Novas conferências introdutórias à psicanálise", 1933, v.XXII].

Theodor W. Adorno

Firmeza e dependência

Estreitamente relacionada à contradição entre o ajustamento e a individualidade está aquela entre dependência e firmeza. Vista deste ponto de vista psicológico, a fraqueza real do indivíduo dentro da configuração social é concomitante a sérias perdas narcísicas para as quais, de alguma forma, a coluna deve criar substitutos. Para tanto, ela se aproveita de fenômenos da realidade. Aparentemente, há um aumento da sensação psicológica da dependência. Mas o ato de desistir da própria individualidade exige o mesmo esforço e investimento de libido inicialmente necessário a desenvolver a individualidade – a mesma "firmeza", por assim dizer. Dessa forma, a tarefa da coluna é dupla: à medida que a situação exige subordinação, ela tem de assegurar a seus leitores que eles são, não obstante, indivíduos firmes; na medida em que a situação exige uma firmeza real, ela precisa amenizar sua sensação de impotência. A "agressividade" obviamente se encontra no mesmo âmbito que o ideal de praticidade; quanto à subordinação, ela parece estar relacionada à consciência e, geralmente, a uma estrutura de personalidade tímida e introspectiva. Busca-se um denominador comum para ambos os tipos.

Pode-se facilmente perceber que as dimensões aqui consideradas de maneira nenhuma coincidem com as discutidas anteriormente. Nenhum paralelismo mecânico entre as três principais dicotomias analisadas por nosso estudo seria adequado. Uma vez que a abordagem geral // da coluna obedece, conforme já se revela, um padrão definido, uma unidade estrutural, tudo está de alguma forma conectado com todo o resto, e o isolamento analítico de vários fatores sempre tem algo de arbitrário. Entretanto, as operações isoladoras que empreendemos são provocadas pela natureza do material. O modelo de firmeza da coluna tem muito pouco em comum com as qualidades irracionais do indivíduo enfatizadas em outros âmbitos; e o sentido de obediência que ele promove está igualmente distante dos traços de vendedor do extrovertido feliz. O antagonismo discutido agora se expressa com frequência no hábito de, às vezes, aconselhar as pessoas a agir de forma decisiva e, às vezes, a pensar cuidadosamente antes de agir. A advertência a não hesitar[32] provavelmente deriva da pressão temporal sob a qual a maioria das pessoas tem de trabalhar, juntamente com o impacto do tabu difundido e culturalmente condicionado sobre o "pensamento de poltrona". Ainda hoje, é perigoso para praticamente todo mundo agir por conta própria. As pessoas que tomam decisões supostamente erradas raramente estão em uma posição tal que lhes permita, de forma independente, seguir as consequências dessas decisões, corrigi-las, ou tomar ações subsequentes que justifiquem as anteriores, mas são geralmente repreendidas se a decisão não concorda com a política estabelecida pelas instâncias superiores. Essa mudança estrutural tipicamente implicada pela burocratização da sociedade moderna vai ao encontro do aconselhamento da coluna de não se agir apressada e irrevogavelmente, não se deixar levar à ação por impulsos, ponderando sempre de maneira cuidadosa e, particularmente, discutindo os problemas com os outros antes de agir.

---

32 Cf. ADORNO, T. W. "How to Look at Television", *The Quarterly of Film, Radio and Television*, 8 (Spring, 1954), p.213-35.

Theodor W. Adorno

...converse bastante com pessoas familiarizadas com os fatos e com princípios que realmente funcionam.
(25 de novembro de 1952, Câncer)

Você conseguirá enxergar os dois lados de todas as questões que estão diante de você e será capaz de convencer todos os seus colegas de seu ponto de vista.
(25 de novembro de 1952, Capricórnio)

Você se sente dinâmico, determinado a colocar seus planos em ação a todo custo. Entretanto, aja com inteligência, tomando cuidado para que um ego enorme e invejoso não afaste as outras pessoas.
(14 de dezembro de 1952, Escorpião)

Na pressa de terminar suas tarefas, chegar à igreja ou sair de casa, // tome cuidado para não danificar peças de roupa. Na parte da tarde, troque ideias sobre seus grandes planos.
(4 de janeiro de 1953, Libra)

Você está correto em sua determinação de gastar muito em investimentos e prazeres, mas essa não é a hora certa. Espere um momento melhor para dar esse passo. Cuidado com as sugestões dos outros.
(7 de janeiro de 1953, Gêmeos)

Ao mesmo tempo, a tendência geral da coluna a preparar os leitores para agir como membros de "equipes" vem à tona. É como se a suposição de que tudo pode ser arranjado por decisões de maioria tomadas em alguma "reunião" – uma caricatura da democracia – fosse aceita como um dos maiores princípios ideológicos. Ao mesmo tempo, o encorajamento contínuo a

As estrelas descem à Terra

conversar com outras pessoas apela à convicção, mencionada anteriormente, de que os outros sabem mais a respeito do indivíduo e de suas próprias dificuldades do que ele mesmo: um sentido universal de autoalienação. É nesse sentido que o conceito de "compreensão" aparece na coluna. Sociologicamente, a ênfase na compreensão, em ser entendido bem como em entender os outros, provavelmente reflete a atomização social, o reverso concomitante da coletivização, conforme estudado por David Riesman em *The Lonely Crowd*. A coluna calcula, provavelmente de forma correta, que aqueles inclinados a relacionamentos frios, desumanizados, rígidos e alienados sentem-se insuficientemente compreendidos. O distanciamento objetivo é compensado como que sugestivamente, sinteticamente, por um "interesse humano" onipresente. Assim, aconselha-se o leitor continuamente a procurar pessoas capazes de compreendê-lo e a tentar compreender os outros.

É preciso ser muito compreensivo com familiares que estejam tristes ou mal-humorados.
(22 de novembro de 1952, Escorpião)

Tome muito cuidado com todas as autoridades. É preciso compreender que elas também têm problemas.
(18 de dezembro de 1952, Áries)

Um inimigo exibicionista incapaz de encontrar tranquilidade pessoal vai tentar deixar você de mau humor. Seja compreensivo, mas não ceda a provocações.
(30 de dezembro de 1952, Capricórnio)

Seus ressentimentos pessoais vão distanciá-lo da desejada – e desejável – boa influência de outras pessoas. Sorria, abra-se

Theodor W. Adorno

para o ponto de vista alheio, seja gentil com atendentes e funcionários e, então, a tarde lhe trará muita felicidade. (23 de janeiro de 1953, Capricórnio)

Às vezes, esse último conselho é dado em função da crença de que as pessoas são capazes de superar suas próprias dificuldades identificando-se com alguém que está ainda pior do que elas. Assim, mesmo a compaixão é tratada como um meio, não como um fim. É como se, // em última análise, a esfera do que é interno devesse ser incorporada à gama de externalizações, manipulando-se as fases ativa e passiva da compreensão. A interioridade é integrada ao maquinário.

Embora isso possa ser parcialmente explicado pela tendência a transformar problemas objetivos em subjetivos e psicológicos, isso também significa que as pessoas devem estar preparadas para ceder à sabedoria supostamente superior daqueles a quem é preciso obedecer de qualquer maneira. A autorreflexão psicológica é transformada em uma ferramenta que promove o ajustamento. A brandura frente às pessoas mais poderosas parece trazer menos danos à assim chamada autoestima se for encoberta como o resultado de uma percepção superior a respeito de si mesmo ou daquele a quem se obedece.

Não é raro, de fato, que a advertência bifásica apareça em termos comportamentais. Às vezes, o leitor, como homem de negócios bem-sucedido, precisa ser "dinâmico"; às vezes, ele tem de "ceder". Contudo, o conselho para ser forte e firme é, por sua vez, aparentemente ministrado com muita relutância. Enquanto se resguarda a superficialidade da independência do leitor, ele é aconselhado, na maioria das vezes, a ser forte apenas com pessoas mais fracas ou, ao menos, em condições iguais

As estrelas descem à Terra

às dele, particularmente com sua família, mas também com os "amigos", cuja função, ao longo da coluna, é um tanto ambivalente. No todo, a coluna adota a ideia de firmeza de forma menos séria do que sua contraparte. A ideia de "ceder" é, normalmente, tão disfarçada que todas as exigências potencialmente desagradáveis a serem esperadas de fontes externas são apresentadas como se fossem conselhos bem-intencionados de outras pessoas. Aqui, novamente, um ajustamento exigido por condições de força maior é suavizado como uma questão de discernimento. Tal mitigação é, na maioria das vezes, realizada pelo dispositivo da personalização. As exigências da realidade são constantemente reduzidas às figuras humanas que poderiam querer ou ordenar alguma coisa. Essas pessoas são evocadas continuamente, em lugar das exigências mesmas. Geralmente, aparecem como pessoas bem-intencionadas, experientes e amigáveis, mas, ao mesmo tempo, poderosas, figuras de autoridade de alguma espécie; às vezes, entretanto, dá-se espaço para experiências negativas com elas. // Essas características negativas figuram geralmente de maneira a evocar um sentimento de piedade com respeito ao forte, no lugar de uma rejeição a ele. Quando se considera que o leitor está sendo magoado por alguém, ele é levado a considerar que não deve retribuir o golpe, mas sim assumir uma atitude que indique sua própria superioridade, e ceder. O padrão psiquiatricamente bem conhecido da "identificação com o agressor"[33] parece ser uma das ideias positivas básicas a

---

33 Cf. FREUD, Anna. *The Ego and the Mechanisms of Defense*, trad. Cecil Baines (New York: International Universities Press, 1946), p.117-31. Trad. bras. *O ego e os mecanismos de defesa*. Rio de Janeiro: Civilização Brasileira, 1986.

Theodor W. Adorno

respeito dos relacionamentos humanos. Talvez esse seja o lugar onde se manifesta com maior clareza o fato de que a coluna e a psicologia popular à qual ela se relaciona fortalecem as defesas em vez de dissolvê-las.

Os relacionamentos humanos são vistos de maneira autoritária, organizados de acordo com uma hierarquia implícita de fortes e fracos e, assim, situados quase inteiramente no nível de uma oposição entre firmeza e dependência.

Categorias do relacionamento humano

Para concluir nossa análise das ideias e técnicas típicas da coluna, mencionaremos algumas das mais importantes categorias do relacionamento humano, conforme concebidas pela coluna.

Família e vizinhos

A atitude da coluna com respeito à família é principalmente de otimismo convencional e oficial, sendo incapaz de admitir qualquer problema com o intragrupo mais próximo do leitor. É claro que há tensões, mas presume-se que tudo é basicamente amor e harmonia. Poder-se-ia dizer que os verdadeiros problemas da família aparecem apenas negativamente, ou seja, por intermédio de uma completa negligência dos aspectos internos e afetivos da vida em família: aqui, novamente, tudo é externalizado, e a família é vista seja como um recurso de ajuda e conforto

92 // ...um familiar lhe dará apoio para aliviar suas atuais responsabilidades.
(10 de novembro de 1952, Leão)

As estrelas descem à Terra

seja como uma fonte de queixas e exigências que devem ser satisfeitas até certo ponto, para que a vida seja tolerável. Assim, certamente de modo inconsciente, em virtude da total ausência de empatia para com os outros, obtém-se uma imagem de frieza. A família é relegada ao tempo livre; na organização bifásica da coluna, ela é mencionada quase que exclusivamente em conexão com a parte da tarde, na mesma esfera em que o leitor é aconselhado a limpar a casa ou sair para passear.

Em certas situações, aconselha-se o leitor a ceder à família. A suposição de que ele pode estar inclinado a gastar mais dinheiro do que deve – possivelmente em prazeres tais como álcool e jogo – é bastante típica e se faz constantemente presente. Uma vez que a esposa é aquela que, em última análise, precisa administrar a receita doméstica, o leitor é ensinado a discutir com ela suas questões financeiras. Contudo, a esposa raramente aparece mencionada como tal, mas sempre por meio da expressão mais abstrata "a família", talvez de modo a evitar que o leitor se sinta controlado por ela. Nesse padrão, a família funciona como o agente de controle social dos impulsos instintuais do leitor. Seguindo na mesma linha, supõe-se que a cautela da esposa na discussão de questões de negócios pode evitar que o marido se rebele em sua vida profissional, colocando seu emprego em risco. Esses elementos do senso comum nunca são claramente expostos, mas aparecem em termos abstratos que permitem diversas interpretações. Assim, o ato de discutir sobre finanças com a família também pode servir ao propósito oposto, a saber, controlar a inclinação da esposa a gastar muito dinheiro. Aqui, a esposa, como "consumidora", é vista como mais irracional do que o homem, que é o "mantenedor". Tal inconsistência aparente expressa muito bem as complexidades da situação da vida atual. De qualquer forma, a ideia vigente é a de que a família ainda é a única "equipe" unida em torno de fortes interesses comuns, em que todos podem contar uns com os outros praticamente sem reservas e fazer planos conjuntos para enfrentar com sucesso um mundo ameaçador e potencialmente hostil. A família é construída como um tipo de organização de proteção que funciona exclusivamente com base no princípio de tomar e receber, // em vez de ser uma forma espontânea de viver em conjunto. Isso provavelmente é um reflexo de certas alterações estruturais na família moderna.[34]

Portanto, o leitor tem de "calcular" muito cuidadosamente seu relacionamento com a família. É preciso pagar pela ajuda e solidariedade que se espera receber. Há uma ameaça constante de recriminações e é em vista disso que a coluna tende a enfatizar o "ceder" mediante um comportamento de moderação e uma consideração contínua do que pode causar fúria no meio familiar. A esse respeito, a família muitas vezes aparece como um tipo de clã arcaico e ameaçador cujo veredito prevalece sobre o sujeito dependente. Por trás da ideia das recriminações está a expectativa correta de que a divisão entre as esferas da produção e do consumo, do trabalho e do prazer, nunca transcorre tranquilamente. O fato de que a própria vida tende a se tornar cada vez mais um apêndice da atividade que deveria servir às necessidades da vida envolve um absurdo com o qual mesmo os supostamente bem-ajustados não podem possivel-

---

34 Cf. HORKHEIMER, Max. "Authoritarianism and the Family Today", *The Family: Its Function and Destiny*, Ruth Nanda Anshen (Ed.). New York: Harper & Brothers, 1949, p.359-74.

As estrelas descem à Terra

mente lidar sem conflitos. As recriminações da esposa, sem que ela se dê conta, são um protesto contra uma situação que é muitas vezes agravada porque o homem, que tem de "se controlar" durante as horas de trabalho e reprimir suas agressões, está inclinado a liberá-las contra aqueles que lhe são próximos, mas que têm menos poder do que ele. A sabedoria popular da coluna está muito ciente de tudo isso, bem como do fato de que em tais conflitos as mulheres são normalmente mais ingênuas do que os homens, e que apelos à "razão" deste último podem ajudar a suavizar embates inevitáveis.

A situação em casa pode ficar tensa, afetando suas relações com outras pessoas, a não ser que você dissolva tudo com um sorriso. Esqueça as feridas emocionais. Trabalhe para aumentar as economias.
(14 de novembro de 1952, Câncer)

...tenha muita consideração em casa, onde as coisas vão ficar tensas se você se mostrar nervoso...
(19 de novembro de 1952, Touro)

A sensação de alegria gerada de manhã pode ser transformada na energia que deixará seus entes queridos mais contentes.
(19 de novembro de 1952, Leão)

Resolva eventuais discussões domésticas na parte da manhã. Em seguida, trabalhe para tornar a casa um lugar mais acolhedor para todos os que vivem nela. Mais tarde, discuta as questões financeiras, e todo mundo vai se entender.
(20 de novembro de 1952, Libra)

Theodor W. Adorno

94 // Uma questão familiar insatisfatória relacionada a bens e posses lhe dará uma grande chance de mostrar sua habilidade em se relacionar de forma diplomática e atenciosa. Na parte da tarde, planeje o orçamento.
(21 de novembro de 1952, Câncer)

Você precisa mostrar muita compreensão para com os familiares mais descontentes.
(22 de novembro de 1952, Escorpião)

A inevitabilidade, cujas razões sociais foram apontadas acima, é dissolvida no elemento abstrato do tempo, como se os problemas só passassem a existir em determinadas tardes ou noites, de modo que tudo se resume ao exercício de autocontrole por parte do leitor, com a finalidade de evitar um conflito de maiores proporções. É claro que isso reflete, também, a irracionalidade dos motivos que frequentemente levam a explosões familiares, detonadas por eventos inteiramente insignificantes. Além dessa política de apaziguamento, o leitor é encorajado a "sair com sua família" ou a "divertir-se muito" com ela e os amigos, uma sugestão que figura frequentemente nos feriados, quando o leitor provavelmente faria algo do gênero, de qualquer maneira. Tal sugestão faz recordar as tentativas substitutivas de institucionalizar o prazer e a proximidade, algo na linha do Dia dos Namorados, Dia das Mães e Dia dos Pais. Correta ou erroneamente, sente-se que o calor e a proximidade da família estão em declínio, mas uma vez que a família é mantida por razões tanto realistas como ideológicas, o elemento emocional de calor e intimidade é alvo de um incentivo racionalizado como meio adicional de acalmar as

As estrelas descem à Terra

coisas e manter o casal unido, enquanto a base real de sua *joie de vivre* comum parece ter desaparecido. A estranha situação à qual as pessoas parecem ser empurradas de maneira a fazer o que é supostamente natural – a ideia de que é preciso mandar flores para a esposa, não porque se tem vontade de fazê-lo, mas só por causa do medo da cena que será armada caso as flores sejam esquecidas – é espelhada pela natureza vazia e insignificante das atividades familiares que o colunista coloca em movimento. Ele parece aceitar inteiramente a ideia de "se divertir a valer" no cinema ou em uma boate.

Pode-se perguntar como a política familiar da coluna pode ser reconciliada com nossa suposição básica de que o leitor real **95** é // uma mulher de meia-idade ou mais velha. Pode-se responder a isso dizendo que a coluna, depois de construir a imagem do leitor do sexo masculino, precisa, de alguma forma, seguir tal ideia com muita consistência até o fim. Não parece haver, entretanto, nenhuma explicação satisfatória.

Em conexão com a família, deve-se mencionar o papel exercido pelos vizinhos na coluna. Certamente, pode-se esperar que os vizinhos desempenhem um papel mais importante na vida de pessoas de classe média baixa do que naquela do fictício homem de negócios bem-sucedido. Não se pode esquecer, entretanto, que a coluna é publicada em uma cidade extremamente grande, na qual figuras sociais como o "vizinho", características de comunidades primárias em que todo mundo se conhece, são certamente atípicas. Enquanto a noção do vizinho pode ser uma simples repetição da forma de ver as coisas do adivinho de antigamente, que pensava nesses termos, ela desempenha, ao mesmo tempo, a conveniente função de evocar a imagem de um tradicionalismo de aldeia, de interesses

153

mútuos não comerciais e, possivelmente, até mesmo de memórias bíblicas do vizinho que é um semelhante, ideias que ajudam a reconciliar com sua sina pessoas isoladas social e, muitas vezes, psicologicamente. Ao mesmo tempo, não se pode descartar inteiramente que, como uma herança do período dos pioneiros nas partes semirrurais da Grande Los Angeles, o vizinho ainda sobrevive de alguma forma, e no oeste dos Estados Unidos subsiste a tradição positiva do contato entre vizinhos, bem como de prontidão à ajuda mútua.

Amigos, especialistas, superiores

Muito mais importantes do que os vizinhos são os "amigos", que constituem um dos tópicos mais mencionados na coluna. Sua menção contínua é particularmente notável, e exige uma tentativa de explicação, mesmo no caso de se assumir que o termo "amigo" foi enormemente diluído e é, muitas vezes, usado como mero sinônimo para uma pessoa conhecida.

Antes de tudo, o papel do amigo na coluna pode ser uma herança dos tempos das bolas de cristal. A suposição básica da astrologia, de conjunções "amigáveis" e "hostis", parece evocar mensageiros de tais poderes. Mas isso não explica // por que se faz tanto caso dos amigos, enquanto pouco ou nada se diz a respeito dos inimigos. Pode-se recordar que uma das facetas mais importantes da superstição – a ameaça direta, a provocação do terror por algum perigo desconhecido, induzindo as pessoas a uma obediência cega – ocorre muito raramente no material selecionado. Tem-se a sensação de que a dicotomia amigo-inimigo, a qual, em si mesma, seria muito adequada à abordagem bifásica e a uma forma paranoica de

As estrelas descem à Terra

pensar, foi submetida a alguma censura especial, à qual somente os amigos puderam sobreviver.

A função mais importante dos amigos na coluna parece similar à da imagem, muitas vezes encontrada na cartomancia, de alguém que aparece inesperadamente e exerce uma influência enorme. Os amigos vêm de fora, talvez devido à construção subjacente do colunista de que o leitor está inconscientemente em antagonismo com a família, a qual é em geral tratada, num nível mais explícito, em termos teimosamente otimistas. Eles aparecem de repente e despejam abundantes benefícios sobre o leitor, seja por conselhos que o levam a ganhar mais dinheiro

Um amigo importante terá prazer em lhe mostrar como fazer para que um investimento comum com um terceiro deslanche. Isso produzirá resultados melhores que beneficiarão a ambos. Demonstre gratidão colocando suas sugestões em prática.
(12 de novembro de 1952, Peixes)

Entre em contato com amigos otimistas que podem ajudá-lo a progredir...
(22 de novembro de 1956, Áries)

seja através de doações diretas

...um bom amigo lhe proporcionará um benefício especial.
(10 de novembro de 1952, Virgem)

Faça planos concretos e bem definidos com seus associados. Isso atrairá amigos influentes que lhe darão apoio. Assim, será fácil obter o sucesso.
(10 de novembro de 1952, Câncer)

ou por indicações a empregos influentes.

Theodor W. Adorno

Um amigo determinado a ver o seu sucesso lhe trará uma oportunidade de alcançar um objetivo importante...
(17 de novembro de 1952, Capricórnio)

Amigos fiéis lhe tratarão com grande consideração, ajudando-o a encontrar a resposta às suas atuais perplexidades. Você vai entender que seus problemas se devem à expansão de sua consciência no sentido de abarcar ambições mais altas.
(18 de novembro de 1952, Aquário)

97 // ...na parte da tarde, sair com um amigo competente abrirá seu caminho para uma associação de sucesso.
(19 de novembro de 1952, Câncer)

...reúna-se com amigos interessantes que estão ansiosos para ajudar você a progredir.
(19 de novembro de 1952, Peixes)

A suposição geral subjacente tem a forma de uma expressão extrema de necessidades de dependência: o leitor é invariavelmente aconselhado a seguir seus amigos, pois – conforme é levado a entender – esses amigos são mais fortes do que ele, conhecem-no melhor do que ele mesmo, mas estão dispostos a cuidar dele.

Um amigo recente, porém muito atencioso, acredita em você, e mostra a um conhecido como utilizar seus talentos de forma mais intensa, construtiva e eficiente.
(26 de novembro de 1952, Gêmeos)

As estrelas descem à Terra

Amigos solícitos e conhecidos poderosos, quando combinados, trazem mais sucesso para sua vida. Dê espaço para que ajudem você. Não interfira na forma sensata que eles têm de fazer as coisas.
(8 de dezembro de 1952, Escorpião)

Um conhecido generoso, ansioso para vê-lo avançar, pede a amigos que estudem novas formas de levá-lo a alcançar seus objetivos científicos, educacionais e espirituais.
(3 de janeiro de 1953, Aquário)

Há pessoas com o poder de transformar sua vida em um sucesso ou em um fracasso, de acordo com a maneira como você lida com elas e lhes mostra suas habilidades financeiras e práticas.
(7 de janeiro de 1953, Aquário)

Ao mesmo tempo, são removidas ansiedades e hostilidades potenciais associadas à dependência: a imagem daqueles de quem o leitor depende é inequivocamente positiva. E isso se torna tanto mais fácil quanto mais distantes estão essas pessoas, quanto menos o leitor conhece suas deficiências. O aspecto parasítico da dependência é exibido pela referência contínua aos benefícios a serem esperados deles. Faz-se uma tentativa de transformar as perdas narcísicas no ganho de se livrar do encargo da responsabilidade autônoma, possivelmente adicionando algumas gratificações masoquistas.

Vista sob esse ângulo, a referência aos amigos aproxima-se, novamente, da "identificação com o agressor". De fato, pode-se dizer que, frequentemente, os "amigos" são um encobrimento dos "superiores", da mesma forma que a família é um

Theodor W. Adorno

disfarce para a esposa. A racionalidade das relações de negócio é transfigurada em relacionamentos afetivos nos quais as pessoas a serem temidas são também aquelas de onde provêm as melhores intenções – ou seja, aquelas que devem ser amadas: uma óbvia transferência da situação edipiana. Sociologicamente, o que torna isso possível é a consciência de que todos são substituíveis // no processo econômico. Espera-se que o leitor sinta que lhe é permitido cumprir sua função social como se ela fosse um tipo de benefício irracional destinado ao filho indigno por um pai infinitamente amoroso. A ordem dada ao subordinado por seu superior é interpretada como se pretendesse unicamente ajudar o subordinado em suas falhas e fraquezas – uma personalização infantil dos relacionamentos objetivados.

...consulte amigos influentes a respeito do seu progresso.
(22 de novembro de 1952, Câncer)

...um amigo influente dá uma boa sugestão para ajudá-lo a assegurar um desejo ou objetivo.
(1º de dezembro de 1952, Câncer)

Um amigo poderoso fará um esforço enorme para impulsionar sua carreira. Ele lhe explicará o que fez para obter sucesso. Aplique seus conselhos às suas maiores esperanças. Fique atento.
(8 de dezembro de 1952, Câncer)

Uma pessoa poderosa fará um acordo confidencial para ajudá-lo a progredir em suas ambições práticas.
(26 de dezembro de 1952, Gêmeos)

As estrelas descem à Terra

Amigos proeminentes se dão conta de que você tem muitos talentos e habilidades, e lhe apresentam um plano interessante para fazê-los sobressair junto a pessoas que poderão lhe trazer sucesso. Coopere.
(26 de dezembro de 1952, Câncer)

Uma conversa importante com um funcionário ou colega, especialmente em um evento social ou esportivo, revelará seus talentos. Você receberá um grande apoio.
(3 de janeiro de 1953, Gêmeos)

Ao entrar em contato com um executivo ou superior responsável, ele lhe mostrará a maneira certa de aumentar e expandir seus recursos.
(10 de janeiro de 1953, Áries)

Um homem poderoso lhe apresentará de bom grado uma nova e excelente alternativa de ação, mas você precisa deixar transparecer seu interesse. Demonstre sua gratidão seguindo cuidadosamente a sugestão que ele lhe der.
(10 de janeiro de 1953, Touro)

Novamente, a coluna tende a reforçar a sensação de culpa, padrões compulsivos e diversas outras motivações inconscientes, em vez de trabalhar contra eles. Isso tende a tornar indivíduos socialmente dependentes ainda mais dependentes psicologicamente. Mas esses elementos não esgotam as implicações da ideia que a coluna faz da figura do amigo. A imprecisão do termo permite sua utilização psicológica em várias direções. Uma delas é a // personalização da sociedade em

Theodor W. Adorno

geral. A coluna preocupa-se incessantemente com a aquiescência do leitor às normas sociais, e seu impacto pode ser mitigado caso elas não apareçam em um nível objetivo, mas sim em um nível pessoal similar ao papel do *raisonneur** na comédia mais antiga. Assim, amigos desinteressados informam ao leitor o que precisa ser feito, o que é melhor para ele. Esses amigos são parecidos com o leitor, possivelmente tomando emprestada, em um nível inconsciente, a sua própria imagem ou a de seus irmãos. Parece bastante possível que essa função do amigo na ideologia implícita da coluna esteja relacionada com mudanças significativas no padrão de autoritarismo, que não investe mais de autoridade figuras paternas reais, mas as substitui por coletividades. A imagem do amigo evoca uma autoridade coletiva que consiste em todos aqueles que se parecem com o leitor, mas que conseguem se virar melhor do que ele, porque não estão acossados pelas mesmas preocupações. Algo semelhante à ideia do "Grande Irmão" como autoridade máxima dos Estados totalitários, conforme desenvolvido em *1984*, de Orwell, está presente no conceito de "amigos" na coluna astrológica. Erik H. Erikson desenvolveu a ideia em termos psicanalíticos.

Os amigos não obrigam a nada, mas é como se revelassem ao leitor que, mesmo em seu isolamento, ele faz parte de um grupo e por isso não está isolado, e que os benefícios irracionais que oferecem são os mesmos oferecidos pelo próprio processo

---

* Designa-se pelo termo de origem francesa *"raisonneur"* aquele personagem que, no teatro clássico e neoclássico, funcionava como o meio de expressão das crenças morais do autor, geralmente no sentido da moderação e da adequação aos costumes estabelecidos. [N.T.]

As estrelas descem à Terra

social. Essa figura do mensageiro da sociedade, evidentemente, é facilmente misturada com aquela do superior que, à medida que apela ao dever, quase invariavelmente representa as exigências do superego.

...um homem influente mostra a forma certa de proceder na vida cotidiana.

(23 de novembro de 1952, Áries)

Quanto aos amigos como projeções do leitor, o que transparece, na maioria dos casos, é que eles representam o interesse egoísta do leitor, supostamente bem compreendido e apresentado em uma forma quimicamente pura. É como se seu diálogo consigo mesmo, quando se trata de conflitos, fosse projetado de tal maneira que lhe é permitido falar como uma criança, enquanto sua parte "adulta", seu ego, "fala" para ele de maneira confortadora como um amigo, e não ameaçadoramente, à medida que representa a racionalidade contra os impulsos momentâneos // de buscar prazer. E, no entanto, ao mesmo tempo, o amigo também funciona, de certa forma, em nome do id do leitor, supostamente realizando desejos que se supõe que ele não ousaria satisfazer. É como se estivessem dizendo a ele, à criança: "Se você fizer tudo o que dissermos, se você for bonzinho, lhe daremos tudo que quiser".

Em conexão com esse ponto, podem-se mencionar duas características dos "amigos". Em primeiro lugar, eles frequentemente — mas nem sempre — figuram no plural, o que talvez possa ser interpretado como sinal de que representam os irmãos ou a sociedade como um todo. A falta de individualização, a noção de que todo mundo pode substituir todo mundo,

Theodor W. Adorno

também é facilmente perceptível aqui. Em segundo lugar, a imagem do amigo é, às vezes, substituída por aquela do estranho ou do "estrangeiro interessante", particularmente quando estão envolvidas promessas irracionais ou ganhos inesperados. O sentido mais superficial disso parece refletir o fastio da vida cotidiana normal e um ressentimento frente ao círculo fechado de pessoas que o leitor conhece, mas, em um nível mais profundo, a figura do estranho, com uma forte carga afetiva, pode desempenhar um papel mágico e de alguma maneira ajudar a superar a suspeita frente às promessas irracionais, tornando sua fonte tão irracional quanto elas mesmas. Incidentalmente, apenas o aspecto positivo do estranho é enfatizado, enquanto o aspecto negativo, da mesma forma que toda hostilidade, é inteiramente reprimido pela coluna. De acordo com a psicologia do inconsciente, pode-se supor que o tipo de pessoa a quem a coluna se dirige está bastante inserida no grupo, e não se permite desejos "exogâmicos". O estranho misterioso vem cuidar desses impulsos recalcados. É digno de nota, entretanto, que não existam traços de xenofobia na coluna, ao contrário do que acontece com as revistas astrológicas, em que tais traços são muito comuns. Isso pode ser explicado por sua "moderação". Somente o dispositivo do contexto familiar sugere inclinações desse tipo. Finalmente, o amigo, como estranho, pode simbolizar o fato de que a sociedade alienada "fala" com o leitor.

Todas essas implicações conduzem à expectativa de uma ambivalência com respeito aos amigos, a qual é expressa de forma muito sutil pela coluna. Há uma distinção contínua entre "velhos" e "novos" amigos, e o acento positivo é, surpreendentemente, colocado regularmente nos novos.

As estrelas descem à Terra

101 // Você está com vontade de colocar a boca no mundo e forçar uma discussão com alguém capaz de anular todo o seu prestígio. Em vez disso, converse com um conhecido mais distante sobre a melhor forma de abrandar a situação.
(10 de novembro de 1952, Capricórnio)

Um bom amigo em dificuldades o procurará em busca de respostas sobre seus problemas. Conheça pessoas novas para sair da mesmice; isso trará formas surpreendentes de expressar seus talentos.
(10 de novembro de 1952, Peixes)

...faça novos amigos na parte da noite.
(18 de novembro de 1952, Sagitário)

...faça novos amigos; compreenda seus métodos de alcançar o sucesso.
(19 de novembro de 1952, Touro)

Abra-se para o mundo, busque amizades em um ambiente diferente...
(19 de novembro de 1952, Sagitário)

...fazer contato com alguém que você conheceu recentemente será muito útil.
(20 de novembro de 1952, Touro)

Suas expressões criativas agradarão novos conhecidos que lhe darão oportunidades de conhecer novas formas de expandir seus horizontes.
(20 de novembro de 1952, Virgem)

Aqueles a quem o leitor ainda não se acostumou têm algo do estrangeiro, e às vezes são diretamente identificados com ele. No mínimo, são pessoas estimulantes que de alguma maneira prometem prazer. Em um ambiente de padronização e uniformidade ameaçadoras, a ideia do incomum é positivamente catexizada por si mesma. Mas, sobretudo, essas pessoas estão no presente. Os velhos amigos são, ao contrário, pelo menos ocasionalmente, apresentados como um peso, como pessoas que fazem todo tipo de exigências injustificadas em nome de um relacionamento que, na verdade, pertence ao passado.

Não perca tempo consertando seu relacionamento com companheiros próximos; abra-se para o mundo...
(13 de novembro de 1952, Capricórnio)

No momento, você terá a sensação de que velhos desejos e velhos amigos são completamente insatisfatórios.
(14 de novembro de 1952, Sagitário)

Livre-se de um conhecido mal-intencionado, e novos recursos ficarão disponíveis para você.
(19 de novembro de 1952, Escorpião)

Amigos atormentados tentarão puxar você para baixo. Suas ambições parecerão muito distantes...
(21 de novembro de 1952, Sagitário)

O leitor pode tolerá-los como "colegas" nos dias melhores, mas nunca deve levá-los muito a sério, ou levar-se a um envolvimento muito profundo com eles. Às vezes, são alvo de

As estrelas descem à Terra

advertências diretas. Pode-se, com isso, entrever um forte apelo da coluna, bem como da atmosfera que ela expressa: a rejeição ao passado. // Tudo que não está mais "lá", que não é mais um fato, é tratado como absolutamente inexistente – nas palavras de Mefistófeles, "tão bom como se nunca tivesse existido" –, e preocupar-se com o passado significa apenas distrair-se das tarefas do presente. Apesar de sua moralidade convencional, a coluna basicamente rejeita a lealdade: o que não parece útil aqui e agora deve ser abandonado. Aplicando esse método aos "velhos amigos", a fase hostil do relacionamento com os amigos é racionalizada e canalizada de um modo adequado ao padrão geral da coluna de ajustamento aperfeiçoado. Os amigos bons são aqueles que ajudam o leitor ou, pelo menos, juntam-se a ele para buscar algum objetivo positivo; os outros são relíquias do passado, que exploram situações que já não são válidas e, assim, devem ser punidos de forma moralista e abandonados. Tais traços revelam algo da tendência fria por trás do verniz ideológico da coluna.[35]

Por vezes, a coluna encaminha o leitor a aconselhar-se com um "especialista". O "especialista" está situado em algum lugar entre o superior (ou a sociedade como um todo) e a proximidade do amigo. Enquanto é avaliado em termos de seus méritos objetivos como aquele que detém o *know-how*, ele é, ao mesmo tempo, representado como alguém acima das segundas intenções, motivado unicamente por seu conhecimento objetivo e, com isso, seus conselhos são mais palatáveis. A noção em si do

---

35 Deve-se chamar atenção à analogia com a conhecida divisão antissemita entre "bons" e "maus" judeus. Cf. ADORNO et al. *The Authoritarian Personality*, p.622ss.

Theodor W. Adorno

especialista vem gradualmente obtendo uma conotação quase mágica, da qual a coluna está muito ciente. Por meio da divisão universal do trabalho e da extrema especialização, ele não é apenas alguém que adquiriu um conhecimento especial a respeito de alguma coisa: ele detém um saber que as outras pessoas, os não especialistas, não podem dominar e no qual, não obstante, precisam confiar implicitamente, uma vez que se supõe que a especialização se baseie exclusivamente em processos racionais. Assim, o especialista tornou-se aos poucos o mago do mundo racionalizado, cuja autoridade precisa ser aceita de forma inquestionável sem violar o tabu sobre a autoridade cega. A figura do especialista é bastante útil uma vez que a coluna tem de lidar continuamente com o conflito entre desejos e necessidades autoritários irracionais // e um revestimento cultural racionalista.

Você não precisa carregar sozinho todas as responsabilidades. Consulte especialistas mais experientes que você...
(12 de novembro de 1952, Gêmeos)

Um encontro secreto com um especialista em finanças lhe mostrará uma maneira de aumentar sua renda.
(17 de novembro de 1952, Sagitário)

Reúna-se com um especialista capaz de lhe apontar os melhores métodos para lidar com problemas familiares que exigem uma nova abordagem...
(20 de novembro de 1952, Aquário)

...seja econômico nos seus gastos e dê ouvidos aos especialistas em impostos.
(22 de novembro de 1952, Libra)

As estrelas descem à Terra

As figuras-chave em todas as relações pessoais, conforme a coluna, são os superiores, os chefes, tanto por suas capacidades no mundo dos negócios como por seu papel psicológico de substitutos do pai. Pode-se estimar com segurança que uma porcentagem muito alta de todas as referências a pessoas contidas na coluna, mesmo quando encobertas por algumas das categorias discutidas até agora, refere-se, na verdade, aos superiores. Assim, durante o período de 10 de novembro a 22 de novembro, é possível classificar as pessoas mencionadas pela coluna nas seguintes categorias:

Categoria	*Número de menções*
Estranhos	1
Vizinho	2
Especialista	5
Família	35
Amigo	53 (incluindo sobreposições com outras categorias)
Superior	48 (incluindo sobreposições com outras categorias)

Os superiores, evidentemente, são tratados de maneira mais ambivalente e bifásica que os "amigos". Não obstante, não deixam de ter um lado ameaçador, pois são fonte contínua de exigências para que "se prestem contas", e as obrigações para com eles estão quase sempre além da capacidade daquele que precisa obedecê-las. Por outro lado, são alvo frequente de recriminação pessoal por serem pomposos, pretensiosos etc. Ambas as ameaças, entretanto, são mitigadas: a objetiva, por meio da referência ao direito moral ou à percepção mais desenvolvida dos superiores; os caprichos e irracionalidades, pela indicação de que mesmo eles têm preocupações e problemas internos que demandam compreensão, ou então pela constatação de que se trata de pessoas simplesmente ridículas, dotadas de personalidades pomposas ou infladas. // Assim, os conflitos aparecem como se não precisassem ser levados muito a sério.

...um superior atormentado precisa da sua perseverança para terminar uma tarefa difícil...
(14 de novembro de 1952, Capricórnio)

A chateação das atividades maçantes é aliviada ajudando-se um colega preocupado que está com problemas mais graves...
(16 de novembro de 1952, Gêmeos)

Muitas vezes, o poder do amigo é evocado como um intermediário mitigador, suavizando os superiores ou diminuindo a tensão na relação.

...um amigo esforçado coopera com alguns colegas para que o que você deseja se realize.
(11 de novembro de 1952, Escorpião)

...um bom amigo lhe mostra, com as melhores intenções, a melhor maneira de assegurar suas ambições pessoais.
(17 de novembro de 1952, Aquário)

A atitude frente aos superiores recomendada ao leitor é, em praticamente todas as situações, a de ceder e respeitar a hierarquia. Uma das sugestões favoritas é a de apaziguar os superiores da mesma maneira que uma criança agiria com seus pais, quando eles estão "zangados". Coloca-se menos ênfase nas obrigações

As estrelas descem à Terra

mesmas do que em uma atitude psicológica astuciosa e flexível. Os superiores devem ser "tratados" com habilidade, se é que queremos nos manter sob suas boas graças. De maneira genuinamente hierárquica, o relacionamento é descrito como aquele de um favorito da corte que deseja alcançar as graças do príncipe, em vez de fazer seu trabalho de forma satisfatória.

...mantenha-se firme na intenção de impressionar os superiores com suas habilidades natas.
(10 de novembro de 1952, Aquário)

...aumente seu prestígio ajudando executivos e funcionários a melhorar a qualidade de seus resultados.
(13 de novembro de 1952, Aquário)

Às vezes, a atitude de não se queixar frente aos superiores tem o aspecto paradoxal de um suborno. Supõe-se que o mais fraco deve fazer convites ao mais forte, proporcionar-lhe passeios e coisas do gênero, de modo a – para utilizar um eufemismo – alcançar um relacionamento humano satisfatório.[36]

---

36 Pode-se mencionar que a linguagem da coluna como um todo é eufemística, e todos os aspectos negativos da vida são expressos por termos neutros ou até agradáveis, os quais é preciso analisar muito cuidadosamente de maneira a chegar à sua base real. A maioria dos exemplos oferecidos até agora é, // ao mesmo tempo, exemplos de eufemismo. O elemento supersticioso desse dispositivo, o medo de conjurar algum demônio por meio da menção de seu nome, é bem conhecido e, provavelmente, bastante utilizado. No nível mais manifesto, o medo de ofender alguém desempenha um enorme papel. E tampouco a coluna deseja ofender o leitor, designando sua fraqueza por seu nome correto, ou o leitor deseja ofender um superior, nem mesmo em seus pensamentos.

Theodor W. Adorno

...convide pessoas poderosas a visitarem sua casa.
(13 de dezembro de 1952, Leão)

...demonstre como você aprecia seus superiores.
(24 de dezembro de 1952, Touro)

Vá a uma festa ou reunião. Se o tempo permitir, entretenha indivíduos influentes.
(13 de janeiro de 1953, Capricórnio)

Convide superiores influentes para uma festa, e impressione-os com suas habilidades.
(18 de janeiro de 1953, Libra)

É como se a noção de neofeudalismo que habita o fundo da mente do colunista carregasse consigo a associação dos servos que pagam tributo ao senhor – uma ideia psicológica e socialmente retrógrada. É claro que a racionalização sempre segue o caminho igualitário de que o superior e o leitor estão socialmente no mesmo nível, e que este último pode convidar seu chefe sem hesitação. A sugestão de que tal serviço será apreciado raramente está ausente.

A ideia está de acordo com o outro polo da abordagem bifásica do superior. Se os amigos, muitas vezes, são meramente uma forma de encobrir o superior, estes são com frequência apresentados como amigos que, de alguma forma, são uma reminiscência do pai rígido e exigente que usa os intervalos de sua tirania para assegurar a seus filhos de que é seu melhor amigo, e os oprime apenas para o próprio bem deles. Isto se casa com uma glorificação da imagem do superior cuja

As estrelas descem à Terra

posição de sucesso se supõe resultar de suas qualidades inatas, como se aqueles que tivessem o cargo também tivessem o cérebro: *"Wem Gott ein Amt gibt, dem gibt er auch den Verstand"* (Quando Deus dá uma tarefa, também dá a inteligência). Assim, as relações hierárquicas são espelhadas pela coluna de uma forma apologética e fetichista.

Amigos, colegas e oponentes ouvirão racionalmente qualquer plano inteligente que você sugerir, pois são pessoas compreensivas que estão dispostas a abandonar sua teimosia e agir em equipe.
(2 de dezembro de 1952, Áries)

106 // Um executivo ou funcionário muito detalhista caçoa dos seus altos objetivos, mas lhe mostrará a maneira certa de alcançar honra, popularidade e crédito...
(3 de dezembro de 1953, Leão)

Um executivo ou superior meticuloso lhe mostrará uma maneira de modernizar sua rotina.
(8 de dezembro de 1952, Sagitário)

Um executivo, colega ou funcionário lhe dará uma "bronca", mas está tudo bem: isso o ajudará a ver como está indo financeiramente.
(10 de janeiro de 1953, Aquário)

Muitas vezes, simples termos de prestígio, tais como "personalidade importante", são empregados para exaltar a posição mais favorável do superior.

Theodor W. Adorno

...um executivo influente.
(10 de novembro de 1952, Escorpião)

...um executivo influente.
(26 de novembro de 1952, Áries)

...pessoas proeminentes...
(22 de dezembro de 1952, Libra)

...pessoas proeminentes...
(24 de dezembro de 1952, Capricórnio)

...uma pessoa forte e importante...
(22 de janeiro de 1952, Gêmeos)

A atitude mais generalizada a ser derivada da atitude dependente e astuciosamente submissa frente aos superiores é a da reconciliação geral, em particular a de aplacar os oponentes, adulá-los. O colunista calcula que, até certo ponto, todos fracassam na tentativa de dar conta de suas obrigações, tornando-se alvo de algum tipo de reprimenda, ora por um superior insaciável, ora por uma mulher rabugenta. De acordo com a coluna, ao passar por dificuldades desse tipo, o leitor não deve permitir que a situação se desenvolva, mas precisa buscar uma saída, adotando uma atitude conciliatória, conversando de maneira amigável e ganhando para seu lado oponentes que podem acabar se tornando seus melhores amigos. A ideia da conversa desempenha um papel importante aqui. O leitor é encorajado a conversar, e a conversa representa um híbrido entre a atitude passiva de ceder e os impulsos agressivos de "levantar a voz contra alguém". Esse conselho é tanto mais promissor quanto mais o oprimido, no fundo do seu coração, deseja falar, mas tem de reprimir esse desejo. Faz-se a tentativa de colocar esse impulso a serviço do realismo e da conformidade.

O resultado total da prática estimulada pela coluna é que os conflitos devem ser completamente evitados ou resolvidos por intermédio de uma submissão ardilosa — de um comportamento que, de fato, lembra o // da mulher que deseja levar a melhor sobre o homem de quem ela depende. Não há referências concretas ao comportamento autônomo e independente.

Conclusão

Em face da natureza limitada e altamente específica do material analisado, nenhuma "generalização" no sentido estrito parece possível. Entretanto, o material sugere certas perspectivas de natureza um pouco mais ampla, as quais são inferidas a partir das interpretações específicas sugeridas, mas também podem oferecer um pano de fundo para o estudo como um todo e, particularmente, tornar compreensível por que foi realizado.

Embora, conforme apontado anteriormente, não estejamos em princípio interessados na astrologia em si, pode ser útil lembrar que a moda da astrologia, e outras análogas a ela, estão suficientemente difundidas e exercem influência o bastante para exigir sua investigação. Embora a expansão da moda da astrologia obviamente não possa ser "provada", uma vez que não estão disponíveis dados que possibilitem uma comparação com a situação no passado, tal movimento parece muito

Theodor W. Adorno

provável. Assim, nos jornais alemães, os signos do zodíaco sob os quais uma pessoa nasceu são com frequência mencionados em colunas que promovem encontros entre solitários. A atribuição dessa expansão apenas ao crescimento da exploração das inclinações supersticiosas e a uma distribuição maior de material astrológico não é uma explicação suficiente, porque o aumento desse material dificilmente funcionaria se não houvesse alguma suscetibilidade a ele entre as pessoas. É essa suscetibilidade, muito mais do que a astrologia como tal, que merece atenção; queremos utilizar nossos estudos sobre astrologia como uma chave para potencialidades sociais e psicológicas muito mais abrangentes. Em outras palavras, queremos analisar a astrologia de maneira a descobrir o que ela indica como "sintoma" de algumas tendências de nossa sociedade, bem como de inclinações psicológicas daqueles que esta sociedade abarca.

Obviamente, o primeiro conceito que vem à mente nesse contexto // é o da dependência psicológica e social. Nossa análise da coluna do *Los Angeles Times* mostrou detalhadamente como as necessidades de dependência dos leitores são pressupostas, estimuladas e exploradas de maneira contínua. Entretanto, em termos da especificidade da astrologia contemporânea, o conceito de dependência como tal parece abstrato demais para nos levar muito longe. Ao longo da história da sociedade organizada, a maioria das pessoas vem apresentando traços de dependência e, em alguns momentos, provavelmente com maior intensidade do que hoje. Mas é preciso qualificar a dependência. Independentemente do fato de que, segundo certos aspectos, o indivíduo pode ser considerado "mais livre" hoje do que em épocas anteriores, a "captura" do indivíduo por inumerá-

As estrelas descem à Terra

veis canais de organização certamente aumentou. Ilustração suficiente disso é que a dicotomia tradicional entre trabalho e lazer tende a tornar-se cada vez mais reduzida, e que as "atividades de lazer" socialmente controladas cada vez mais tomam conta do tempo livre do indivíduo. Enquanto é verdade que sempre prevaleceu a dependência básica do indivíduo no corpo social, e de uma maneira altamente irracional, essa dependência foi "velada" para muita gente durante a era clássica do liberalismo, na qual as pessoas se consideravam mônadas autossustentáveis. Mas esse véu foi retirado, e elas começam a encarar sua dependência muito mais do que faziam há oitenta anos; em grande parte, porque os processos de controle social não são mais aqueles do mercado autônomo que decide o destino econômico do indivíduo em termos de oferta e procura. Os processos intermediários entre o controle social e o indivíduo tendem a desaparecer, e o indivíduo, mais uma vez, tem de obedecer ao veredicto direto dos grupos que dirigem a sociedade. Pode ser que o que se sente hoje seja essa crescente obviedade da dependência, e não um crescimento da dependência *per se*, e que ela seja a responsável pela preparação da mente dos indivíduos para a astrologia, bem como para as crenças totalitárias. Paradoxalmente, uma quantidade maior de discernimento pode resultar em uma reversão para atitudes que prevaleciam muito antes da alvorada do capitalismo moderno. Pois, ainda que as pessoas reconheçam sua dependência e manifestem, até com certa frequência, a opinião de que são meros fantoches, lhes é extremamente difícil encarar essa dependência de frente. // A sociedade é feita daqueles que ela abarca. Se as pessoas admitissem inteiramente o quanto dependem de condições criadas pelo homem, teriam de alguma forma de

Theodor W. Adorno

culpar a si mesmas, e reconhecer não apenas sua impotência, mas também que são a causa dessa impotência; teriam de assumir responsabilidades que hoje são extremamente difíceis de serem assumidas. Essa pode ser uma das razões pelas quais há tanta inclinação a projetar a dependência sobre alguma outra coisa, seja uma conspiração de banqueiros de Wall Street, sejam constelações estrelares. O que leva as pessoas aos diversos tipos de "profetas do engodo" não é apenas seu sentido de dependência, mas seu desejo de atribuir essa dependência a fontes "superiores" e, em última instância, mais justificáveis, mas também seu desejo de reforçar sua própria dependência, de não ter de tomar as coisas em suas próprias mãos – um desejo, decerto, que é engendrado pela pressão sob a qual elas vivem. Poder-se-ia dizer que os adeptos da astrologia atuam (*play*) ou frequentemente exageram (*overplay*) sua dependência, uma hipótese que se encaixaria com a observação de que muitos seguidores da astrologia não demonstram estar perfeitamente convictos de suas crenças, adotando frente a elas uma atitude indulgente e semi-irônica. Em outras palavras, a astrologia não pode simplesmente ser interpretada como uma expressão de dependência, mas precisa ser considerada uma *ideologia para a dependência*, uma tentativa de fortalecer e, de alguma forma, justificar condições penosas que parecem mais toleráveis quando se tornam alvo de uma atitude afirmativa. De qualquer forma, muito mais hoje em dia do que antes, o mundo apresenta-se, para a maioria das pessoas, como um "sistema" coberto por uma rede de organização totalmente abrangente, sem buracos onde o indivíduo possa "esconder-se" em face das exigências e testes constantes de uma sociedade governada por uma configuração hierárquica orientada para os negócios, a qual se apro-

As estrelas descem à Terra

xima muito do que chamamos de *"verwaltete Welt"*, um mundo administrado.

Essa situação real, que tem tantas e tão óbvias similaridades com os sistemas de pensamento paranoico, parece estimular atitudes e padrões de comportamento intelectual compulsivos. A similaridade entre o sistema social e o paranoico consiste não apenas na estrutura fechada e centralizada enquanto tal, mas também no fato do "sistema" // para o qual a maioria das pessoas sente que trabalha ter, para elas, um aspecto irracional. Quer dizer, elas se sentem como se tudo estivesse ligado com todo o resto, como se não houvesse saída, mas, ao mesmo tempo, percebem que o mecanismo completo é tão complicado que sua *"raison d'être"* é incompreensível e, mais ainda, suspeitam que essa organização sistemática e fechada da sociedade não serve realmente aos seus desejos e necessidades, mas possui uma qualidade fetichista e "irracional" que se autoperpetua, estranhamente alienada da vida que, dessa forma, está sendo construída. Assim, até mesmo a mente supostamente "normal" está preparada para aceitar sistemas de ilusões, pela simples razão de que é difícil demais distinguir tais sistemas daquele outro, igualmente inexorável e opaco, sob o qual têm de viver suas vidas. Isso é muito bem refletido pela astrologia, assim como pelos dois tipos de Estados totalitários que também afirmam ter uma chave para tudo, conhecer todas as respostas e reduzir o que é complexo a inferências simples e mecânicas, afastando tudo que é estranho e desconhecido, sendo, ao mesmo tempo, incapazes de explicar qualquer coisa.

O sistema assim caracterizado, o *"verwaltete Welt"*, tem, por si mesmo, um aspecto ameaçador. De modo a fazer justiça a necessidades tais como aquelas satisfeitas pela astrologia, é

Theodor W. Adorno

necessário conscientizar-se do impacto cada vez mais ameaçador da sociedade. A sensação de estar "preso", a impossibilidade, para a maioria das pessoas, por mais imaginativas que sejam, de verem a si mesmas como senhoras de seus próprios destinos, é apenas um dos elementos dessa ameaça. Outro elemento, situado mais profundamente, tanto do ponto de vista psicológico como do social, é o fato de que o sistema social, embora fechado, e a despeito da engenhosidade de seu funcionamento técnico, parece, na verdade, mover-se em direção à autodestruição. A sensação de que há uma crise encoberta nunca desapareceu desde a Primeira Guerra Mundial, e a maioria das pessoas se dá conta, ainda que de maneira pouco clara, de que a continuidade do processo social e, de alguma forma, sua capacidade de reproduzir sua própria vida, não se deve mais a processos econômicos supostamente normais, mas a fatores como o rearmamento universal que, por si mesmos, geram a destruição ao mesmo tempo que são, aparentemente, os únicos meios de autoconservação. Essa sensação de ameaça é bastante real, e alguma de suas expressões, como as bombas A e H, // estão a ponto de superar os mais desvairados medos neuróticos e fantasias destrutivas. É provável que, quanto mais as pessoas professem um otimismo oficial, mais profundamente sejam afetadas por essa sensação de calamidade – a ideia, correta ou errônea, de que o estado de coisas atual de alguma forma leva à explosão total, e que o indivíduo pode fazer muito pouco a respeito disso. Hoje em dia, essa sensação de calamidade pode obter um colorido sinistro pelo fato de que a forma atual da existência social parece decair, enquanto desponta no horizonte uma forma nova e superior. A "onda do futuro" parece consumir os próprios medos produzidos pelas

As estrelas descem à Terra

condições do presente. A astrologia cuida dessa sensação, traduzindo-a em uma forma pseudorracional, de modo a enfocar as angústias sem objeto (*free-floating anxieties*) a um simbolismo bem-definido, mas também proporcionando um conforto vago e difuso, com o que dá àquilo que não tem sentido a aparência de um sentido oculto e grandioso, simultaneamente reafirmando que este não pode ser buscado nem no domínio do que é humano nem tampouco pode ser propriamente compreendido por nós. A combinação do real com o irracional na astrologia pode, em última instância, ser explicada pelo fato de que ela representa, ao mesmo tempo, uma ameaça e um remédio, assim como alguns psicóticos podem iniciar um incêndio e, ao mesmo tempo, preparar sua extinção.

A despeito desse conforto, a astrologia espelha exatamente a opacidade do mundo empírico e implica tão pouca fé transcendente, é, em si mesma, tão opaca que pode ser facilmente aceita por pessoas supostamente céticas e desiludidas. A atitude intelectual que ela expressa é a do agnosticismo desorientado. O culto de Deus foi substituído pelo culto dos fatos, da mesma forma que as entidades fatais da astrologia, as estrelas, são, em si mesmas, vistas como fatos, coisas governadas por leis mecânicas. Não seria possível compreender a especificidade da astrologia e do esquema mental que ela representa chamando-a simplesmente de uma reversão para estados mais antigos da metafísica: o que é característico é a transfiguração do mundo das coisas em poderes quase-metafísicos. O postulado de Auguste Comte de que o positivismo deveria ser um tipo de religião é realizado de forma irônica: a ciência é hipostasiada como uma verdade última e absoluta. O astrólogo, //como foi apontado em nossa breve análise de material selecionado

Theodor W. Adorno

a partir de diversas revistas, busca ansiosamente apresentar a astrologia como uma ciência. Pode-se mencionar, de passagem, que só os empiristas filosóficos parecem mais suscetíveis à superstição secundária do que os pensadores especulativos: o empirismo extremo, que ensina uma obediência absoluta da mente àquilo que é dado, aos "fatos", não dispõe de um princípio – tal como a ideia da razão – que lhe permitiria distinguir o possível do impossível. Assim, o desenvolvimento do esclarecimento vai além de si mesmo e produz uma mentalidade que, muitas vezes, não é capaz de resistir às tentações mitológicas. Pode-se mencionar, ainda, que a ciência moderna, que vem substituindo mais e mais as categorias que antes interpretavam os eventos como se eles tivessem significado, tende a promover um tipo de opacidade que, ao menos para os não iniciados, é difícil de distinguir de uma tese igualmente opaca e não transparente, tal como o destino humano depender de constelações estelares. A forma astrológica de pensar indica, por um lado, um mundo "desiludido"; por outro lado, contudo, ela aumenta a desilusão ao submeter a ideia do humano ainda mais à natureza cegacompletamente do que já acontece na realidade coisificado.

Não obstante, a astrologia não é meramente uma duplicação aumentada de um mundo opaco e reificado. Se as pessoas tornaram-se tão condicionadas a ponto de serem incapazes de pensar ou conceber qualquer coisa que não seja semelhante ao existente, elas desejam, ao mesmo tempo, fugir do existente. A insipidez de uma sociedade de mercadorias que não permite a qualquer qualidade existir por si mesma, mas nivela tudo a uma função menor da troca universal, parece insuportável, e qualquer panaceia que prometa recobri-la de ouro é pronta-

As estrelas descem à Terra

mente abraçada. No lugar de um processo intelectual complicado, extenuante e difícil, que poderia superar a sensação de insipidez pela compreensão do que é que torna o mundo tão insípido, busca-se um atalho desesperado que oferece um entendimento espúrio e uma fuga para um reino supostamente superior. A astrologia lembra, nessa dimensão, mais do que em qualquer outra, outros tipos de meios de comunicação de massa tais como os filmes: sua mensagem aparece como algo metafisicamente significativo, como meio de recuperar a espontaneidade da vida, enquanto, na verdade, ela só faz repetir as mesmas // condições coisificadas que parecem ser renunciadas por um apelo ao "absoluto". A comparação da astrologia com o misticismo religioso, duvidosa em mais de um aspecto, é particularmente inválida à medida que o mistério celebrado pela astrologia é vazio – os movimentos das estrelas, que supostamente explicam tudo, não explicam nada, e mesmo se a hipótese total fosse verdadeira, ainda haveria de se explicar por que e como as estrelas determinam a vida humana, uma explicação que nem mesmo foi tentada pela astrologia. Um verniz de racionalidade científica é misturado à aceitação cega de afirmativas indemonstráveis e à exaltação espúria do fatual.

Entretanto, essa estranha estrutura da astrologia é significativa porque pode, em si mesma, ser reduzida a uma estrutura mundana muito importante: a divisão do trabalho que está na base de todo o processo vital da sociedade. Pode-se aceitar que os elementos isolados da astrologia sejam racionais. Por um lado, as estrelas existem e suas leis são exploradas pela ciência da astronomia, e os astrólogos parecem tomar cuidado para manter suas afirmativas, no que diz respeito aos eventos celestiais, estritamente de acordo com aqueles movimentos

Theodor W. Adorno

que realmente têm lugar de acordo com a astronomia. Por outro lado, há a vida empírica do homem, particularmente no que diz respeito às situações sociais e aos conflitos psicológicos típicos, e nossa análise demonstrou que os astrólogos exibem uma imagem sensível e acurada da realidade; sua fala é construída a partir da experiência, sem qualquer traço de ilusão. O "mistério" da astrologia – em outras palavras, o elemento de irracionalidade e, a propósito, o único elemento que dá conta de seu apelo de massa – é a maneira como esses dois domínios "não relacionados" relacionam-se um com o outro. Não há nada irracional a respeito da astrologia, exceto sua afirmativa decisiva de que essas duas esferas do conhecimento racional estão interconectadas, ainda que não se possa oferecer a menor evidência de tal interconexão. Esse mistério, entretanto, não é meramente "superstição". Ele é a expressão negativa da organização do trabalho e, mais especificamente da organização da ciência. Há apenas um mundo e sua divisão em esferas desconectadas não se deve a ser como é, mas à organização do conhecimento humano do que é. De certa forma, o fato de que – digamos – a ciência da astronomia e a ciência da psicologia são mantidas completamente separadas é, de certa forma, "arbitrário", embora inevitável em // termos do desenvolvimento histórico. Essa arbitrariedade deixa suas cicatrizes no próprio conhecimento; há uma brecha entre as duas ciências, cessa continuidade para todos os propósitos práticos, e as tentativas sistemáticas de unificar as ciências permanecem extrínsecas e formalistas. A consciência dessa brecha é refletida pela astrologia. Por um lado, ela é uma tentativa, novamente com a forma de um atalho, de vencer distâncias e, de um golpe, relacionar o que não está relacionado com aquilo

As estrelas descem à Terra

que em última instância sente-se que deveria ser-lhe próximo. Por outro, o fato mesmo de que os dois domínios não são relacionados, de que há um vácuo entre eles, um tipo de terra de ninguém, cria a oportunidade ideal para a formulação de afirmações infundadas. É, afinal, a própria falta de relação, a irracionalidade das relações entre a astronomia e a psicologia, para as quais não existe um denominador comum, uma "base lógica" que dá à astrologia a aparência de justificação em sua pretensão de ser, ela mesma, um conhecimento misterioso e irracional. A opacidade da astrologia não é nada além da opacidade que prevalece entre diversos campos científicos que não podem ser significativamente reunidos. Assim, pode-se dizer que a própria irracionalidade brota do princípio de racionalização que evoluiu em nome da maior eficiência, a divisão do trabalho. Aqueles que Spengler chamava de homens das cavernas modernos residem, por assim dizer, na cavidade formada entre as ciências organizadas, as quais não são capazes de cobrir a universalidade da existência.

É claro que a fraude básica, a conexão arbitrária do que está desconectado, poderia ser facilmente percebida em termos do conhecimento científico atual. Mas é bastante ilustrativa da situação em questão que tal conhecimento seja, na verdade, "esotérico", uma vez que poucos parece capazes de chegar a ele, enquanto os conhecimentos que se autointitulam esotéricos, tais como a astrologia, tornam-se extremamente populares. Foi apontado anteriormente que a astrologia, da mesma forma que o racismo e outras seitas intelectuais, pressupõe um estado de semierudição. Ao avaliar a astrologia como um sintoma do declínio da erudição, entretanto, há que se resguardar da postura superficial do pessimismo cultural oficial.

115 // Seria irresponsável caracterizar tal declínio em termos gerais quantitativos, não apenas porque nenhuma comparação válida com períodos anteriores parece possível, mas também porque, sob muitos aspectos, a erudição parece mais difundida hoje do que costumava ser, ou seja, camadas da população que anteriormente não tinham acesso à cultura e ao conhecimento são, agora, colocadas em contato com as artes a as ciências através dos meios modernos de comunicação de massa. A mentalidade que poderia propriamente ser denominada semierudita parece indicar uma mudança de estrutura, e não apenas na distribuição dos recursos culturais. O que realmente está acontecendo é que, concomitantemente à crescente crença nos "fatos", a informação tende a substituir a penetração e a reflexão intelectuais. O elemento de "síntese" no sentido filosófico clássico parece estar cada vez mais ausente. De um lado, existe uma riqueza de material e de conhecimentos, mas a relação é muito mais formal e classificatória do que passível de proporcionar uma abertura de fatos supostamente inflexíveis por meio da interpretação e da compreensão. A dicotomia rígida, mantida em escolas filosóficas muito influentes hoje em dia, entre o formalismo lógico e um tipo de empirismo que vê toda teoria apenas como a expressão de expectativas a serem realizadas por dados que devem ser encontrados posteriormente é um sintoma dessa situação intelectual, que, de certa forma, também é espelhada pela astrologia. Pode-se dizer que a astrologia apresenta os resultados da negligência do pensamento especulativo em nome da coleta de dados. Por um lado, há os "fatos" tanto dos movimentos estelares como de reações psicológicas bem conhecidas, mas não ocorre nenhuma tentativa real de síntese ou de estabelecimento de uma

As estrelas descem à Terra

relação que faça sentido – e é até mesmo provável que tal relação não possa ser estabelecida entre duas esferas tão divergentes. Em vez disso, tenta-se realizar uma subsunção inteiramente extrínseca dos eventos humanos às leis astronômicas, e vale a pena lembrar que a externalização é, sob todos os aspectos, uma faceta essencial da astrologia. O elemento de semierudição aparece no fracasso da mente para reconhecer não a falácia do material, que é dessa forma interconectado, mas da ilegitimidade da própria conexão. A falta de "entendimento", a desorientação em uma configuração social ao mesmo tempo complexa e fatal, e também, possivelmente, uma confusão // criada pela má compreensão de desenvolvimentos recentes das ciências naturais (particularmente a substituição do conceito de matéria pelo de energia, o que parece um convite às concepções mais desbaratadas) contribuem para a presteza em se relacionar o que não está relacionado – um padrão de pensamento que, aliás, é bem conhecido na psiquiatria. Sob esse ponto de vista, a astrologia pode ser definida como um sistema organizado de "ideias de referência". As pessoas ingênuas, que mais ou menos aceitam sem questionar tudo que acontece, dificilmente fazem as perguntas que a astrologia pretende responder; as pessoas realmente educadas e inteiramente desenvolvidas intelectualmente, por sua vez, são capazes de enxergar a falácia da astrologia. Assim, a astrologia constitui o estímulo ideal para aqueles que começaram a refletir, que não estão satisfeitos com a superficialidade da mera existência, e estão buscando uma "chave", mas, ao mesmo tempo, são incapazes do esforço intelectual constante exigido pela pesquisa teórica, estando, ademais, desprovidos do treinamento crítico sem o qual a tentativa de entender o que está acontecendo é

Theodor W. Adorno

inteiramente fútil. É precisamente esse tipo, ao mesmo tempo cético e insuficientemente equipado do ponto de vista intelectual – um tipo dificilmente capaz de integrar as diversas funções intelectuais apartadas pela divisão de trabalho –, que parece estar se difundindo hoje. Assim, a astrologia é uma expressão do impasse alcançado pela divisão do trabalho intelectual não apenas em termos objetivos, de acordo com sua estrutura intrínseca, mas também subjetivamente, sendo direcionada àqueles cujas mentes foram condicionadas e distorcidas pela divisão de trabalho. A moda da astrologia pode ser compreendida principalmente como a exploração comercial dessa mentalidade, tanto pressupondo como corroborando suas tendências retrógradas. Nisso, ela é obviamente uma parte do padrão totalmente abrangente da indústria cultural; de fato, a ideologia específica promovida por uma publicação como a coluna do *Los Angeles Times* é idêntica àquela que emerge dos filmes e da televisão, embora o tipo de pessoas aos quais ela está dirigida seja provavelmente diferente – há algum grau de "divisão de trabalho" também entre os diversos tipos de meios de comunicação de massa, principalmente com respeito aos diversos tipos de público que cada meio tenta capturar. Basicamente, o fato de que as publicações astrológicas "vendem" se deve às características objetivas e subjetivas delineadas até agora. // Em face desse sucesso comercial, a astrologia é adotada por agências econômicas mais poderosas que a distanciam bastante da atmosfera da bola de cristal – da mesma forma que os grandes estúdios retiraram os filmes das barraquinhas dos parques de diversão –, expurgando-a de seus traços evidentemente alucinados, tornando-a "respeitável" e, assim, utilizando-a comercialmente em grande escala. É claro que isso só é

As estrelas descem à Terra

possível à medida que a ideologia inerente à astrologia corresponde que os capitais investidos nessa área querem promover. Evidentemente, é de pouca importância se, como parece, a conformidade e a obediência são *a priori* inerentes à astrologia, ou se a ideologia percebida por nossa análise da coluna do *Los Angeles Times* deve-se à integração da astrologia em um quadro ideológico mais amplo.

Falando em termos gerais, a ideologia astrológica assemelha-se, em todas as suas principais características, à mentalidade daqueles que obtiveram "alta pontuação" na pesquisa empreendida por *The Authoritarian Personality*. Foi, de fato, essa similitude que nos levou a realizar o presente estudo. Além dos traços evidenciados por nossa análise, podem-se apontar outras características dos indivíduos de alta pontuação que aparecem na coluna, por exemplo, a externalização geral promovida pela astrologia; o ideal de que tudo que é negativo deve-se apenas a circunstâncias externas e, em sua maioria, físicas, mas que, no mais, "tudo vai bem"; a ênfase contínua na salubridade. Trata-se de traços que indicam rígidas defesas psicológicas contra impulsos instintuais. Entretanto, a síndrome psicológica expressa pela astrologia e propagandeada por seu aconselhamento é apenas um meio para um fim, a promoção da ideologia social. Ela oferece a vantagem de encobrir todas as causas profundas de angústias, promovendo assim uma aceitação do que está dado. Além disso, ao fortalecer o sentimento de fatalidade, dependência e obediência, ela paralisa a vontade de mudar quaisquer aspectos das condições objetivas, e relega todas as preocupações a um plano privado que promete uma cura para tudo por intermédio da mesma conformidade frente às coisas que impede uma mudança das condições. Pode-se perceber facilmente como isso se adequa muito bem ao propósito geral da ideologia dominante na indústria cultural de hoje: reproduzir o *status quo* no interior da mente dos indivíduos.

Não se deve negligenciar que, dentro da configuração total da // ideologia da cultura de massas, a astrologia representa uma "especialidade". O núcleo de sua doutrina, bem como de seus adeptos, mostra várias características de uma seita. Mas esse caráter de seita, a pretensão de que algo particular e apócrifo é totalmente abrangente e exclusivo, indica um potencial social mais sinistro: a transição de uma ideologia liberal enfraquecida para uma ideologia totalitária. Assim como aqueles que podem ler os sinais das estrelas acreditam que estão por dentro de informações preciosas, os seguidores dos partidos totalitários acreditam que suas panaceias especiais são universalmente válidas, o que funciona como justificativa para impô-las como regra geral. A ideia paradoxal do Estado com um partido só – enquanto a ideia de "partido", derivada de "parte", em si mesma indica uma pluralidade – é a consumação de uma tendência que se encontra em estado dormente na atitude inacessível e obstinada do adepto da astrologia que defende tenazmente sua crença sem nunca entrar em uma discussão real, usando hipóteses auxiliares para defender-se mesmo quando suas posições são evidentemente errôneas e com quem, em última instância, não se pode falar: uma pessoa que nunca pode ser alcançada, e vive em um tipo de ilha narcísica.

É esse aspecto que, em última análise, justifica a ênfase psiquiátrica dada ao nosso estudo, o interesse que a psiquiatria tem em absorver a astrologia e a natureza psiquiátrica de muitas de nossas interpretações. Contudo, deve-se tomar muito

As estrelas descem à Terra

cuidado para não simplificar demasiadamente o relacionamento entre astrologia e psicose. Algumas complexidades desse relacionamento foram discutidas anteriormente (ver p.60ss.). Deve-se enfatizar que não há qualquer justificativa para basicamente se chamar de psicóticos os seguidores da astrologia – uma vez que, como foi demonstrado, ela também serve à função de defesa contra a psicose –, e tampouco para se postular que a astrologia como tal é um indicativo de que as pessoas estão ficando cada vez mais loucas, ou que a paranoia está se espalhando. Entretanto, pode-se aventar na hipótese de que várias situações históricas e sociais favorecem diversas síndromes psicológicas e "trazem à tona" ou acentuam tipos distintos de possibilidades sempre presentes nos seres humanos. Assim, o liberalismo do século XIX, com sua ideia do pequeno empreendedor independente que acumula riqueza economizando, // provavelmente induziu mais formações de caráter do tipo anal do que, digamos, o século XVIII, no qual o ideal do ego era mais determinado pela imagem caracterológica feudal que, em termos freudianos, é chamada de "genital"[37] – embora um exame mais minucioso provavelmente demonstrasse que esse ideal do ego aristocrático dificilmente fosse baseado nos fatos, mas sim projetado por desejos românticos. De qualquer maneira, parece que, nas eras de declínio dos sistemas sociais, com sua deflagração da insegurança e da ansiedade, as tendências paranoicas dos indivíduos são evidenciadas e muitas vezes canalizadas por instituições que pretendem

---

37 FREUD, Sigmund. "Neue Folge der Vorlesungen zur Einführung in die Psychoanalyse", *Gesammelte Werke*, v.15, p.105 [*Novas conferências introdutórias à psicanálise*, 1933, v.XXII].

distrair tais tendências de suas razões objetivas. Assim, a autoflagelação e as fantasias apocalípticas organizadas entre as massas eram características da primeira fase da decadência do sistema feudal, e a caça às bruxas, do período da Contrarreforma, quando se empreendeu uma tentativa de reconstruir artificialmente uma ordem social que, àquela época, já se havia tornado obsoleta. Da mesma forma, o mundo de hoje, que oferece uma base real tão forte para o sentido geral de perseguição, evoca caracteres paranoicos. Hitler era certamente psicologicamente anormal, mas foi exatamente essa sua anormalidade que criou o fascínio que permitiu seu sucesso junto às massas alemãs. Pode-se dizer que é precisamente o elemento da loucura que paralisa e atrai seguidores para os movimentos de massa de todos os tipos; e o corolário dessa estrutura é que as pessoas nunca acreditam inteiramente no que fingem acreditar e, assim, excedem suas próprias crenças, e estão logo inclinadas a traduzi-las em ação violenta. O movimento de "rearmamento moral" não teria alcançado seu *momentum* unicamente por meio de seus objetivos humanitários, mas seu rito exibicionista de confissões públicas e sua atitude hostil ao sexo, tão agudamente reminiscente do fortalecimento das defesas mediante outras mídias de massa, parece agir como um estímulo real. Pode-se comparar a função dessas confissões às confissões forçadas dos supostos traidores na Rússia e nos Estados-satélite atrás da Cortina de Ferro, as quais, longe de desiludir os seguidores do comunismo no mundo livre, muitas vezes parecem lançar uma espécie de // feitiço que garante uma credulidade integral. A astrologia tem de ser vista como um pequeno modelo dessa estimulação muito mais ampla de disposições paranoicas. Nessa medida, ela é um sintoma de

As estrelas descem à Terra

regressão da sociedade como um todo que permite algum discernimento a respeito da própria doença. Ela denota uma recorrência do inconsciente, manejada segundo propósitos de um controle social que, afinal, é em si mesmo irracional.

Pode ser simbólico o fato de que, no início da era que parece ter chegado ao seu fim, o filósofo Leibniz, que foi o primeiro a introduzir o conceito de inconsciente, também tenha afirmado que, a despeito de sua disposição tolerante e pacífica – ele às vezes assinava como Pacidius –, nutria sentimentos de profundo desprezo por aquelas atividades da mente que visavam o encobrimento e o engano, e citava, como principal exemplo de tais atividades, a astrologia.

Índice onomástico

Alger, Horatio 123
American Astrology 48
Aron, Betty 17
Astrology Guide 47
Bergson, Henri 111
Brickner, Richard Max 30
Burgess, Ernest W. 32
Comte, Auguste 179
Cooley, Charles Horton 32
Coughlin, Charles Edward 52
Devereux, George 32
Erikson, Erik H. 160
Everyday Astrology 48
Fenichel, Otto 96
Flusser, Vilém 26
Forecast 47, 53
Freud, Anna 147
Freud, Sigmund 15, 32, 47, 58, 65, 77, 79, 83, 84, 93, 97, 115, 140, 189
Fromm, Erich 16, 69, 83, 94, 95

Herzog, Herta 24, 69
Horkheimer, Max 10, 11, 13, 14, 15, 16, 26, 150
Horney, Karen 69, 116
Huxley, Aldous 106, 120
Jung, Carl Gustav 111
Leibniz, Gottfried Wilhelm 119, 191
Leites, Nathan 105
Lessing 127
Levinson, Maria Hertz 17
Los Angeles Times 22, 28, 29, 39, 43, 47, 48, 50, 51, 53, 174, 186
Mannheim, Karl 133
Marcuse, Herbert 16
Morrow, William 17
Nunberg, Hermann 110
Orwell, George 160
Pacidius, *ver* Leibniz
Park, Robert E. 32

Reik, Theodor 65
Riesman, David 145
Righter, Carroll 19, 20, 21, 23, 39, 43, 56, 61
Sêneca 99
Simmel, Ernst 58, 60
Simmel, Georg 12

Spengler, Oswald 183
Spinoza, Baruch 119
Stanton, Alfred H. 74
True Astrology 48
Weber, Max 109
Wolfenstein, Martha 105
World Astrology 48

SOBRE O LIVRO

Formato: 14 x 21 cm
Mancha: 23 x 44 paicas
Tipologia: Venetian 301 12,5/16
Papel: Pólen Soft 80 g/m² (miolo)
Cartão supremo 250 g/m² (capa)
1ª edição: 2008

EQUIPE DE REALIZAÇÃO

Edição de Texto
Claudia Abeling e Maria Silvia Mourão (Preparação de original)
Agnaldo Alves e Juliana Rodrigues de Queiroz (Revisão)

Editoração Eletrônica
Eduardo Seiji Seki (Diagramação)

Coleção Adorno

As estrelas descem à Terra: A coluna de astrologia do Los Angeles Times — um estudo sobre superstição secundária

Aspectos do novo radicalismo de direita

Berg: O mestre da transição mínima

Correspondência 1928-1940 Adorno-Benjamin — 2ª edição

Ensaios sobre psicologia social e psicanálise

Estudos sobre a personalidade autoritária

Indústria cultural

Introdução à Sociologia: (1968)

Introdução à Sociologia da Música — 2ª edição: Doze preleções teóricas

Kierkegaard: Construção do estético

Para a metacrítica da teoria do conhecimento: Estudos sobre Husserl e as antinomias fenomenológicas

Quasi una fantasia: Escritos musicais II

Sem diretriz: Parva Aesthetica

Três estudos sobre Hegel: Aspectos; Conteúdo da experiência; Skoteinos ou Como ler

Hernández